一口气读懂
经典语文

脱颖而出
文言课

黄海龙 ❉ 编著

SPM
南方传媒   岭南美术出版社
中国·广州

图书在版编目（CIP）数据

脱颖而出文言课 / 黄海龙编著. —广州：岭南美术
出版社，2023.8
（一口气读懂经典语文）
ISBN 978-7-5362-7759-5

Ⅰ.①脱… Ⅱ.①黄… Ⅲ.①文言文—中小学—教学
参考资料 Ⅳ.①G634.303

中国国家版本馆CIP数据核字(2023)第121193号

责任编辑： 黄小良　黄海龙
责任技编： 许伟群
封面设计： 极宇林

一口气读懂经典语文
YIKOUQI DUDONG JINGDIAN YUWEN

脱颖而出文言课
TUOYINGERCHU WENYAN KE

出版、总发行：岭南美术出版社（网址：www.lnysw.net）
　　　　　　　　（广州市天河区海安路19号14楼 邮编：510627）

经　　　销：全国新华书店
印　　　刷：湛江市新民印刷有限公司
版　　　次：2023年8月第1版
印　　　次：2023年8月第1次印刷
开　　　本：880 mm×1230 mm　1/32
印　　　张：6
字　　　数：139千字
印　　　数：1—10000册
ISBN 978-7-5362-7759-5

定　　　价：32.00元

读"有用书"，学"活语文"

将进酒·黄

这些年我们闹过的语文笑话

十多年前，某位著名主持人在采访一位嘉宾，因为嘉宾的父亲刚刚过世，所以节目开始时，主持人对嘉宾说："首先，向家父的过世表示哀悼！"

对某人的过世表示哀悼，这种感情是没错的。但是，节目一播出，这句话却引起了轩然大波。

为什么呢？因为主持人犯了一个很大的语文错误！

要知道，"家父"一词，在古代语文中，是专指说话人自己的父亲，相当于"我父亲"；"家"，是谦辞，表示说话人的谦逊和对他人的恭敬。

相对应地，提到别人的父亲时，得说"令尊"。令，意为"美好"，是敬辞。

主持人的这次错误，被称为"家父门"。在这些年我们闹过的语文笑话里，"家父门"是一个非常典型的案例，被人们一再提起，甚至进了高考语文模拟试卷。

其他我们闹过的语文笑话，如某位学者将"致仕"解释为"做官"，某位校长读错成语"鸿鹄之志"，某位名师读错"耄耋"……

这是名人们闹出的笑话，因传播广而影响大；至于普通人闹出的笑话，因为关注者少，就只能自己偷偷脸红了。

"山川异域，风月同天"的惊艳

2020 年初，新冠疫情肆虐，打乱了世界人民的生活。

在武汉疫情最严重的时候，日本友人为中国捐赠了大量防疫物资，随之而来的，还有"山川异域，风月同天""青山一道同云雨，明月何曾是两乡"等赠语。这些赠语，因其优美典雅，因其蕴味深长，因其恰如其分，而迅速刷爆了互联网络。

"山川异域，风月同天。"意思是虽然不在同一块土地上，却共享着同一片天空。这有一个典故。唐玄宗时，日本长屋亲王想请大唐高僧去日本传授佛法，于是制作了一千件袈裟，赠送大唐，袈裟上绣有四句偈语："山川异域，风月同天。寄诸佛子，共结来缘。"此举最终促成了"鉴真东渡"。鉴真大和尚在日本传法多年，是中日文化交流史上的一个重要事件。

"青山一道同云雨，明月何曾是两乡"出自唐代诗人王昌龄的作品《送柴侍御》，意思是：你我虽然各处一地，但是两地青山相连，沐浴在同一片云雨下，守望着同一轮月亮，其实何曾远离呢？

这样的诗句太美太美，白话翻译不能传达其神韵的十分之一。

因此，有人说，它映照出了我们日常语言的粗俗。

我觉得，它唤醒了我们心中沉藏的古典记忆。

我们不是没有文雅。先秦有《诗经》《离骚》，两汉有"大赋"，魏晋有《世说新语》，唐有诗，宋有词，明有小品文，清有散文。甚至可以说，所有汉语的文雅，都从中华来，都在中华文明宝库里。

只是，作为中华文明宝库的拥有者，我们自己却常常忘记了、忽略了。徒有宝库却不知如何取用，读书多年却说不出一句齿颊生香的话，写不出一个清风朗月的句子。

所以才有今天的被惊艳，乃至羞惭。

好的语文，会用才是硬道理

其实传统经典，我们一直在学。唐诗宋词，我们一直在背。但是，为什么书到用时方恨少、诗到用时不见了呢？

原因可能有很多，但有一个原因是我们没法否认的：我们学的时候，并没有想过要怎么用；我们背的时候，想的只是考试得分。

我们学了很多古文名篇，但是怎么问人姓名、年龄，怎么称呼客人、家人……一概不知。

我们也学了很多成语、历史典故，但夸人时怎么夸、怎么委婉地批评人……从来不想。

我们也要求记忆诗词的全篇、诗人的生卒年份、创作背景、中心思想……四五岁的孩子能把《春晓》背得滚瓜烂熟，但是上了多年学后，春天早晨从美梦里醒来，没有一次能想起"春眠不觉晓"；写作文《雨后》，压根儿想不起可以用上"花落知多少"。

所以，我们不妨深入反思：到底应该怎么来学习传统经典？

我的意见是，"有用"的读书，不是要往脑子里压缩进去几百首甚至上千首诗词古文经典，而应该是无论遇到什么情景，都能有一句妙语自然而然地涌上心头，帮你说出那一刻的心情，恰到好处，尽得风流。

"活的语文"，不是要记忆多少佶屈聱牙的典故、生僻冷门的字词，而是在使用中，在说话、写作文的时候，长篇言之有物，短句言简意赅。即使是发个微信朋友圈、设置个QQ签名，寥寥数语，也要短得有味、有品，一句顶一万句。

只有在"活的语文"里，在每个人的日常语文运用中，五千年文化素养，唐诗宋词、《古文观止》，才是有价值的存在。

把话说得准确、优美、典雅、传情

这套《一口气读懂经典语文》，分为《脱颖而出文言课》《以一当百诗词课》《立竿见影成语课》《过目不忘俗语课》四册，将传统经典中的语文精华，以符合现代实用需求的方式，介绍给读者，并通过模拟举例，教会读者在说话和作文中准确、灵活地运用。

《脱颖而出文言课》精选古典词语，如问人姓氏要说"贵姓"，给人写信可说"见字如晤"；称人父亲为"令尊"，称己父亲是"家父"；对前辈自称"后学"，被表扬可说"过奖"……

《以一当百诗词课》精选诗词精华，有叙事的，有写景的，有抒情的，有咏志的……举例说明用法：哪一句可以用来写贺卡，哪一句适合作座右铭，怎么在同学、家人面前表现出"妙语连珠"，以及怎么将诗句灵活运用在作文中。

《立竿见影成语课》精选四字成语，追溯其典故出处，介绍其用法和同类成语。对成语的挑选，有意提高内容难度，追求"新鲜感"，以满足小读者旺盛的求知欲。

《过目不忘俗语课》是老祖宗留下来的最生活化的语文，接地气，俏皮，耐琢磨。本册精选生活俗语，讲解其内涵和用法，并从语文构造的角度，来探索这些妙语是怎么创造出来的。

总之，不闹笑话，把话说得准确、优美、典雅、传情，始终是一种优秀的能力。而我们这套书的策划初衷，正是为了帮助小读者快速实现这种能力，并希望有一天，他们给我们的语文带来更多惊艳。

目录

脱颖而出文言课

第三辑

怎么说话更典雅

怎么说话才准确

第一辑

区区 / 在下 / 不才

西方先哲说，认识世界要先从认识自我开始。我们这本学习古典雅词的书，也先从认识"我"开始。

古人怎么称呼"我"呢?

通过电视剧，我们知道：帝王自称朕、孤；太后自称哀家；皇后、公主、太子自称本宫；官员自称臣、微臣；满族官员自称奴才，以及满屏乱飞的"臣妾做不到"……

通过戏曲小说，我们知道：审案的自称本官；报案的自称草民；女人自称奴家、小女子；老人自称老朽；好汉们一出场，都是说"在下行不更名，坐不改姓"；要是鲁智深那样的和尚出场，则是"洒家"不离口……

关于"我"的称谓，实在是太多。抛开身份、地位，在正常谈话和书信中，古人最常用的是区区、在下、不才等自谦辞。

行不更名，坐不改姓。

"行"是行走，"坐"可作"获罪"解，意思是行走天下不改名，哪怕获罪也不改姓，比喻行事光明磊落，任何情况下都不隐瞒真实姓名。

比如：大丈夫行不更名，坐不改姓，在下就是你们仰慕已久、江湖传说的少侠×××。

区区不才，正是在下

甲：听说昨日有位少年侠客，身手非凡，当街救下数位美女，不知是哪位英雄来着？

乙：此人非他，正是区区。

甲：哦？看公子像是从长安而来？

乙：正是。

甲：长安有诗仙，大名李太白，不知公子可曾听说？

乙：嘿嘿，诗仙之说夸张了，不才正是李白。

甲：失敬、失敬！在下有一句话，不知当讲不当讲？

乙：请讲。

甲：公子你太帅了！

乙：呃……

这个小段子里，区区、不才、在下，都是指说话人自己——"我"。同时，"不才"有"没有才能"之意，所以有时也这样用：区区不才、弟子不才、学生不才、小女子不才……

还有一些称呼，常被忽略，比如愚、仆、敝人、鄙人。

在《出师表》中，诸葛亮要提出自己的意见，则说"愚以为宫中之事，事无大小"，都应该去请教那谁谁谁。

"愚"，就是"我"。又有愚弟、愚兄、愚老等，都是说话人称呼自己。

生活处处皆语文。抖音上有一首歌《公子向北走》，流传很广。很多人只觉着好听，却没意识到，在这首歌里，仅是开头短短两句歌词，就涵括了多处语文知识：

小女子不才，未得公子青睐。扰公子良久，公子勿怪。

——"小女子"是女性自称；"不才"上面已有说明；"公子"是称呼男性的敬辞；"青睐"，看得起、重视、喜爱；"良久"，表时间长短，"这么久"的意思；"勿怪"，请不要怪罪。

令尊 / 家父

首先我们要知道，"令"，用在称谓里，一是"美好"的意思，并不是"你的"；二是用于称呼对方的亲属，表示尊敬。

令尊，是称呼对方父亲的敬辞。

有一个同义词，"令严"，也用于称呼对方的父亲。

那么，对自己的父亲怎么称呼呢？有一个相对的词，就是"家父"。

"令尊"和"家父"都是在谈话中提及对方的父亲或者自己的父亲时，才相应地使用的。

有人学了个半吊子，路上见到了朋友的父亲，凑上前一个劲儿地喊"令尊"——这么用是绝对错误的，喊得再恭敬也不对；

也不能在家里对着自己父亲喊"家父"——这也是错误的，喊得再亲热也没用。

主持人的"家父门"

曾经有一位非常优秀的主持人，在主持一档电视访谈节目时，因为不懂"令尊"和"家父"的区别，从而闹出了笑话。

情况是这样的：主持人正在采访一位嘉宾，话题聊到了嘉宾的父亲。主持人接过话头，继续聊嘉宾的父亲，这时，错误出现了——他聊的是对方的父亲，用的词却是"家父"（我的父亲）。

节目播出后，观众纷纷给电视台打电话，指出主持人的用词错误。

这次主持事件，被媒体称为"家父门"。

知识拓展

"令"是用来称呼对方的亲属，不能用来自称。相对应的则是"家"或"舍"，用于称呼自己的亲属，长辈用"家"，小辈用"舍"。

令堂／令慈：称对方的母亲。家母／家慈：称自己的母亲。

令荆：称对方的妻子。拙荆：称自己的妻子。

令郎：称对方的儿子。犬子：称自己的儿子。

令爱／令媛：称对方的女儿。息女／犬女／小女：称自己的女儿。

令兄／令弟／令姊／令妹：称对方的兄弟姐妹。家兄／舍弟／家姊／舍妹：称自己的兄弟姐妹。

拙荆

拙荆，亦作拙室，是旧时男性对自己妻子的一种谦称。在古文阅读中常见。

拙，有"笨"的意思，常用作谦辞，如拙见、拙作。

"荆"这个字很有意思。《说文解字》说："荆，楚木也。"其本义是一种灌木，而且是一种很讨人嫌的灌木。有个词叫"披荆斩棘"，就是说荆和棘这两种植物长得遍地都是，以至于挡着了人们前进的道路。

"荆"又名"楚"，因此又有"荆楚"这个词。荆条韧性好，适合用作处罚犯人的刑具，挨打自然是件痛苦的事情，所以连带着"楚"字也有一种痛苦的意味在里面，比如"苦楚"。

这样一来，我们就能理解了，为什么称自己的妻子为"拙荆"。因为"荆"既讨人嫌弃，又很微贱，在古代，贫寒之

荆钗布裙都是爱，粗茶淡饭最养人。

清代沈复《浮生六记》中说，"爱慕锦衣玉食者，未必能安于荆钗布裙"，所以一个女子如果能安于荆钗布裙的俭朴生活，定然是因为心中有真爱。老话常说"粗茶淡饭最养人"，这并不只是为了教育人要节俭，更是一种利于身体健康的养生道理。

家的女子常用荆木枝来制作发钗，称为"荆钗"。荆钗布裙，说的便是妇女简陋寒素的服饰。这么一演变，自家的妻子就成了"拙荆"。

举案齐眉梁鸿妻

东汉梁鸿，德行很好，很多人想把女儿嫁给他，他都看不上。孟家有个丑女儿叫孟光，也看不上寻常男子。媒人给这两人说亲，结果两人对上眼了，结为夫妻。孟光是富家女，一开始精心打扮，梁鸿看都不看，后来孟光改为"荆钗布裙"，梁鸿才觉得喜欢。

孟光严守礼法，做好饭菜，都是低着头恭敬地把餐具举到眉前，请梁鸿吃饭。——在当时，女子抬头平视男子，被认为是不礼貌的行为。这就是成语"举案齐眉"的出处。梁鸿、孟光相敬如宾，是古代的模范夫妻。

荆室、山荆、拙妻、拙内等，都是旧时男性对自己妻子的谦称，不能用来称别人的妻子；这些词现在已经不使用了，文雅的称法是"爱人""太太"，以及"夫人"（"夫人"多用于称呼别人的妻子）。

相对应地，夫君、郎君、相公、官人，这些是古时女性对自己丈夫的称呼。

昆仲 / 伉俪 / 椿萱

不论是古代还是现代，对社会阅历不够丰富的年轻人来说，在有特定关系的两个人的合称问题上，都容易犯难。

比如，对方是兄弟两个，不管是不是双胞胎，我们都可以说"你们兄弟俩"；但是，对方是夫妻俩，尤其对方还是你的长辈，比如师长、领导，我们可以说"你们夫妻俩"吗？

——这话听着别扭，说着也别扭。

古人是怎么解决这个问题的呢？

首先来看称呼对方兄弟，古人用"昆仲"一词。用上敬语，我们可以说"贤昆仲""贤昆仲三人"。昆为兄，仲是弟。

近似的词有"手足""棠棣"等，但手足和棠棣是用来形容兄弟关系、兄弟之情，而不是直接用于称呼。比如可以说手足情深、棠棣竞秀，而不会说贤手足、贤棠棣。

兄弟既翕，谓之花萼相辉；
兄弟联芳，谓之棠棣竞秀。

出自《幼学琼林》。"翕"音 xī，和睦、一致；"萼"音 è，包在花瓣底部的叶片。这两句话意思是：兄弟和睦友爱，可说是"花萼相辉"；兄弟媲美，都很优秀，可称作"棠棣竞秀"。

百龄清誉称棠棣

2010年，清华大学百年校庆，一向以"清华北大"或"北大清华"并称于中国百姓之口的邻校北大，送上了一副贺联：

资自强而载物，砥砺同行，百龄清誉称棠棣；

取兼容以开新，交融共进，万卷华章照古今。

既赞美了对方，也揄扬了自己，其中"百龄清誉称棠棣"，就是将清华和北大比作兄弟。"棠棣"，典出《诗经·小雅·鹿鸣之什》，全诗以"棠棣之华"开篇，歌咏兄弟之情。所以后世即以"棠棣"一词来比拟良好的兄弟关系。

再来看称呼对方夫妻，古人用"伉俪"一词，使用中常说"贤伉俪"（称呼自己夫妻可称"愚夫妇"）。

伉俪，音 kàng lì。伉，对等、匹敌；俪，结缘、配偶。

伯仲叔季：古人对兄弟之间排序，依次为伯、仲、叔、季，也就是老大、老二、老三、老小。很多时候也直接按排序来取名。比如大名鼎鼎的汉高祖刘邦，一家四兄弟，就分别取名刘伯、刘仲、刘季（跳过了刘叔），还有个弟弟刘交。刘邦本名"季"，做了皇帝之后，觉得自己拥有天下了，所以改名"邦"。

合起来就是夫妻俩都是高人。——这下知道古人为什么要说"伉俪"了吧？话里虽然没说，心里却全是羡慕和赞美！

最后，我们了解一下父母的合称。常见的有高堂、双亲、椿萱。

高堂、双亲好理解。椿萱，《庄子》一书曾经夸张地说："上古有大椿者，以八千岁为春，八千岁为秋。"——太长寿了！因此古人以"椿"来比喻父亲，称作"椿庭"。后来为男性长辈祝寿，都尊称"椿寿"。

同样地，"萱"是一种草，传说萱草可以使人忘忧。游子出门远行的时候，在母亲住处堂下种几株萱草，以免母亲惦念，同时让母亲忘记忧愁。古人用"萱堂"代指母亲。为女性长辈祝寿，尊称"萱寿"。

椿萱合称，就是父母。成语"椿萱并茂"，意思是父母都健在。

傅毅之于班固，伯仲之间耳。

出自三国曹丕《典论》。傅毅是东汉文学家，班固是《汉书》的作者，曹丕认为两人才华相近，难分优劣。"伯仲之间"，类似于今天说的两人棋逢对手、将遇良才，半斤杠上了八两，胜负难分。

襁褓 / 乳臭 / 弱冠 / 而立 / 皓首

正常来说，人的一生都会经历这样一些阶段：

出生，婴儿呱呱落地；满月、周岁，很多地方都有做满月宴、抓周礼的习俗；开蒙、上学；大约十七八岁时，会举行成年礼，有些地方还有成童礼，即小孩满十岁或十二岁，意味着告别童年；结婚、生子，彻底离开父母的怀抱，开始人生的新阶段；变老、退休，直到去世，走完完整的一生……

古人对于人生的不同阶段，都有一些特定的称谓和说法。

襁褓（qiǎng bǎo），本义是包裹婴儿的被子和带子，借指周岁以下的新生婴幼儿。

乳臭，奶腥气。"乳臭未干"这个词，我们都很熟悉，意思是身上的奶腥气都还没退掉。说一个人乳臭未干，多半是说此人心理幼稚，不成熟，含有鄙夷、轻视的意思。

老骥伏枥，志在千里；
烈士暮年，壮心不已。

出自三国曹操的诗歌《龟虽寿》。老骥伏枥，音 lǎo jì fú lì，枥是马槽；烈士，指有胆识的人、英雄；暮年，指年老，同"迟暮"，如"英雄暮年""美人迟暮"。全句是说宝马虽老，仍有驰骋千里的豪情；英雄暮年，尚有一番雄心壮志。

弱冠，泛指二十岁左右的男子。根据古礼，男子二十岁要举行冠礼，表示成年（历代男子举行冠礼的年龄略有变化）。

而立，出自孔子的自述，孔子说自己"三十而立"，后世把男子三十岁，称为而立之年。人到了三十岁，就应该自立于社会了，做事要合于礼，言行要得当。从前那些由父亲帮忙扛着的责任和压力，就要移到自己的肩上了，人生不能再任性，更不能继续等、靠、要。

你要做一个不动声色的大人了

不准情绪化

不准偷偷想念

不准回头看

去过自己另外的生活

你要听话

不是所有鱼都会生活在同一片海里

——日本作家村上春树《舞！舞！舞！》

娉娉袅袅十三余，豆蔻梢头二月初。

出自唐朝诗人杜牧的七绝《赠别》："娉娉袅袅十三余，豆蔻梢头二月初。春风十里扬州路，卷上珠帘总不如。"诗中写一位妓女，姿容美好、举止轻盈，十三四岁的年华，美得像二月初那枝头上含苞待放的豆蔻花。成语"豆蔻年华"即出自此，指女子十三四岁。

皓首，就是白头，指人进入老年。成语"皓首穷经"，是说一个人从少到老，一辈子都在钻研经书典籍——活到老，学到老。

今天，我们要懂得，年龄只是参考，为之沮丧、伤悲或者忘乎所以都不可取。年少时，要懂得有志不在年高；年长时，要懂得"烈士暮年，壮心不已"。既不倚老卖老，也不倚少卖少。

三十老明经，五十少进士

唐朝曾流行一句话："三十老明经，五十少进士。"

明经和进士是唐代科举考试最重要的两个科目。进士比明经的考试难度大，而且政府有意控制进士录取人数，所以就形成了这一现象：三十岁考上明经，明明还年轻，却被称为"老考生"；五十岁考中进士，明明已是小老头了，却还属于"年轻人"。

可知，老和少都是相对的。

知识拓展

及笄之年：笄（jī），指发簪，女子的成年礼为笄礼，年十五而笄，就是到了可以在头发上插簪子的年龄了。

待字：女子出嫁前由父母或婆家为其取字，表示可以婚嫁了，所以"待字"就是还未婚配。又称"待字闺中"。

古稀 / 耄耋 / 米寿 / 期颐

《论语》中，孔子自述："吾十有五而志于学，三十而立，四十而不惑，五十而知天命，六十而耳顺，七十而从心所欲，不逾矩。"

这段话常被引用，被后世视作典范，历代读书人本着见贤思齐之心，都希望、要求自己向孔子看齐，做到这样。从这段话里，人们归纳出一些表示年龄的词语：

而立，三十岁，当自立于世；

不惑，四十岁，多指思想透彻，没有疑惑；

知命，五十岁，认清人生，了解命运；

耳顺，六十岁，世间之言，无碍于心；也有说法是闻其言而知其微旨——闻弦歌而知雅意，世事通透。

六十岁也称"花甲"，古人以天干地支纪年，六十年正

弦歌知雅意，杯酒谢良朋。

这是小说《三国演义》中写周瑜的句子，尽显儒将周瑜的风流气度：听人抚奏琴弦，能听懂其中的心意；与朋友相交，如醇酒佳酿。俗语"闻弦歌而知雅意"，比喻人世情通透，听话听音，对方一张口说话，就能明白其心中真正所想。

好是一轮，一个甲子。

我们就着这个话题继续往上数：

古稀，七十岁。唐朝诗人杜甫有诗句，"酒债寻常行处有，人生七十古来稀"，后来便以"古稀"指代七十岁。

耄耋，音 mào dié，也作耋耄，八九十岁。

米寿，八十八岁。"米"字拆开是八十八。

期颐，一百岁。古书中说："百年曰期，颐。"期，期待；颐，供养。是说人活一百岁这事，值得期待，但活到这把年纪，生活已不能自理，事事需要别人供养。有成语"颐养天年"。

人过百岁，可称人瑞，也说百年人瑞。瑞，祥瑞、宝物，是大喜事。所以俗话也说"家有一老，如有一宝"。

白居易"咏老"

唐代诗人白居易，耳顺之年写了一首《耳顺吟》，给好朋友刘禹锡，大炫六十岁的种种好处：

三十四十五欲牵，七十八十百病缠。五十六十却不恶，恬淡清净心安然。

已过爱贪声利后，犹在病羸昏耄前。未无筋力寻山水，尚有心情听管弦。

闲开新酒尝数盏，醉忆旧诗吟一篇。敦诗梦得且相劝，不用嫌他耳顺年。

诗中说，比起前面的三十四十、后面的七十八十来，五六十岁简直美得不行：欲望少了，心境平和、清净，人生开始做减法；同时，身体虽然逐渐衰老，但还不至于浑身病痛、走不动路；每日里听听音乐，喝喝小酒，回忆旧时诗作，想到得意处，不顾形象，大声吟咏……

复旦名师读别字

在大庭广众之下读了别字，是一件非常尴尬的事情。而身为名人，一旦在重要场合读了别字，其影响之大、后果之严重，自然是百倍于普通人。

有一位"网红"老师，在一段授课视频中，她说："不论你是中年、少年、青年，还是耄耋之年……"

——其中的"耄耋"，被读成了 máo zhi。被网友们发现后，惹来大量指责。

> **知识拓展**
>
> 杖朝：八十岁。"八十杖于朝"，古代大臣到了八十岁，上朝的时候可以拄杖。
>
> 鲐背：音 tái bèi，九十岁，泛指长寿老人。
>
> 百年之后：用来讳称人的去世。

桑榆／桑梓

桑树虽然普通，在古人生活中却占有很重要的位置。很多词语，其含义跟桑树隔得很远，却仍然用"桑"字来组词。如沧桑、桑榆、桑梓。

沧桑，指自然界或者人世间变化很大，人生无常。今天我们也说某个人"很沧桑"，意思是这个人经历了很多事情，以至于面相也发生了变化。

为什么会跟"桑"有关呢？这就要提到成语"沧海桑田"：大海变成了桑田，桑田变成了大海，比喻世界变化巨大。

之所以会这样，其实是因为古人屋前后习惯栽种桑树，用桑叶养蚕，用蚕丝织布，所以桑树跟日常生活、跟家乡都有了紧密联系。

"桑榆"一词也是如此。桑榆，指傍晚，比喻人的晚年。

成语"失之东隅，收之桑榆"，本义是说太阳光早上的

莫道桑榆晚，为霞尚满天

人都有变老的时候，这是自然规律。所以唐代诗人刘禹锡说"莫道桑榆晚，为霞尚满天"，不要嫌弃日落时分，傍晚的漫天霞光照样很美。

今天有"夕阳红"的说法，与此类似。

时候照在东边的墙角，到傍晚时照在西边的桑树和榆树上。比喻一边有所失，另一边就会有所得。后来便用东隅代指早上，桑榆代指傍晚，用在人身上，自然就成了晚年的意思。有词语"桑榆晚景"。

桑梓，梓音 zǐ。

《诗经》中说："维桑与梓，必恭敬止。"家中的桑树和梓树是父母所种，所以要保持恭敬。后世便有"桑梓之地，父母之邦"的说法，"桑梓"一词，指代故乡。如：离国多年，时常思念桑梓。

又有"造福桑梓""为桑梓服务"的说法，所以桑梓既指故乡，也指故乡的人民。桑梓之情，指对家乡的怀念之情。

好口才

夕阳无限好，只是近黄昏。

出自晚唐诗人李商隐的《登乐游原》一诗："向晚意不适，驱车登古原。夕阳无限好，只是近黄昏。"诗人对夕阳既赞美又惋惜。

庭训 / 家学 / 耕读传家

都说"父母是最好的老师"。父母对孩子的影响，如春雨润物，虽细无声却影响深远。

古人也很重视家庭教育。大家耳熟能详的"孟母三迁"的故事，虽然说的是生活环境对人的影响，但家庭环境正是环境因素中最重要的；孟母的选择本身也是一种教育。

关于家庭教育，古人有一个很重要的词：庭训。

孔家庭训

《论语》是后人编写的记录孔子和孔门弟子故事的书。其中记载了一个孔子教子的故事。

弟子陈亢向孔子的儿子孔鲤悄悄打听："你作为老师的儿子，老师有没有给你开过什么小灶？"

孔鲤说："没有呀。倒是有一次，父亲在院里站着，我本想偷偷跑过去，却被叫住了。父亲问我学习《诗》了没有，我

随风潜入夜，润物细无声。

出自诗人杜甫的《春夜喜雨》："好雨知时节，当春乃发生。随风潜入夜，润物细无声。野径云俱黑，江船火独明。晓看红湿处，花重锦官城。"后人多用"润物细无声"来形容不起眼却意义深远、持久的影响。

说没有。父亲教训我说：'你不好好学习《诗》，出去都没法儿跟人聊天。'还有一次，也是父亲一个人站在院里，我想跑过去，又被叫住了，问我学《礼》了没有，我说没有。父亲教训我：'你不好好学习《礼》，怎么在社会上立足？'"

陈亢回去后很高兴，说自己一问三得：懂得了"不学诗，无以言"，"不学礼，无以立"，还懂得了君子不偏爱自己儿子的道理。

后人用"庭训"一词来指代父亲对子女的教诲。

我们见到一个人举止、谈吐都很得体，温文尔雅，很自然地就会猜测他的出身。一旦听到其家庭是世代书香，马上会说：哦，难怪如此，原来是有家学渊源。

家学，家族中世代相传的学问、道理。比如著名的《颜氏家训》《朱子家训》等，正是传统读书人对"家学"的整理。

耕读传家可说是传统中国最深入人心的"家学"之一。今天还可以见到很多大家族的祠堂匾额上，都题着"耕读传家"这四个字。耕是耕地、劳作，读是读圣贤书、知圣贤道理。"耕读传家"，既学做人，又学谋生；既求进取，又不忘本。

知识拓展

謦欬/謦咳：本义是咳嗽，用来借指出色的谈笑、谈吐让人受益。如：亲聆謦欬，荣幸之至！

杏坛／桃李

古人重祭祀，祠堂正中往往设着五个牌位或者一条横幅，供人祭拜，上面的内容便是五个字：天地君亲师。

天，主宰一切；地，哺育万物；君，是帝王，国家的象征；亲，祖先；最后一个字"师"，便是老师。

这五个祭拜对象合称五圣。"师"和天地君亲排在一起，显示了古代中国人尊师重道的传统，也显示出"师"在社会阶层中的地位之高。

杏坛是孔子讲学处

中国历史上最有名的老师，自然是孔子，被尊为至圣先师，是教育界的祖师爷。今天我们用"杏坛"一词来指代教育界，这个典故就跟孔子有关。

《庄子》这本书上，记载了孔子讲学的一个场景：

桃李不言，下自成蹊。

这是一句俗谚，司马迁在《史记》中引用来赞美西汉名将李广。意思是桃树、李树不用自己吆喝、宣传，人们自然而然会聚过来赏花、摘果，以至把树下踩出一条路来。比喻品行高尚的人，自然会有很多人敬仰、追随。

"孔子游乎缁帷之林，休坐乎杏坛之上，弟子读书，孔子弦歌鼓琴。"意思是孔子在缁帷树林里游赏，累了就坐在杏树下面的高地上休息，学生们在一旁读书，孔子在弹琴歌咏。

后世便以"杏坛"来指称讲学授徒的地方，又喻指教育界。如：杏坛名师、杏坛风采、杏坛佳讯。

春秋时，有人向大臣子质抱怨，说我培养、举荐了很多人，但在我处于危难时，没一个肯伸出援手。子质批评他："夫春树桃李，夏得荫其下，秋得食其实；春树蒺藜，夏不得采其叶，秋得其刺焉……今子所树非其人也。"

意思是：如果春天种下桃树、李树，则夏天可以树下纳凉，秋天可以吃果实；如果春天种下蒺藜，则夏天不能带来阴凉，秋天长出刺来反而会扎伤人；所以，你这种情况只能怨自己所树非人——推荐的不是好苗子！

后世便以"桃李"比喻培养出的优秀学生或人才；"树人"也用来比喻对人才的培养。

如：赞美老师培养的学生很多，可以说"桃李满天下"。

唐朝宰相狄仁杰，向女皇武则天举荐了很多人才，均为一时名臣，人们便称赞狄仁杰："天下桃李，悉出公门。"——天下这么多好干部，都是出自您的举荐啊！

再介绍几个词语。

夫子，称呼老师。

教谕，是古代学官，有教导训诫的意思。感谢老师的培养，可以说"感谢夫子教谕"。

庠序，称呼学校。

知识拓展

　　"桃李"是很吉祥讨喜的意象。《诗经》中有："投我以桃，报之以李。"成语"投桃报李"便从此而来，意思是你送我桃，我还你以李。比喻友好往来或互相赠送东西。

同窗／同僚／同侪

有这么一个说法，很有趣：

话说很久以前，能进学堂读书的人很少。人少，则共用一张桌子，同坐一张长凳（座席），桌上共用一方砚台，于是，同学就被称为"同砚"或"同砚席"；后来，学生多了，添了些桌凳砚台，但房子不大，进进出出都是同一个门，就称之为"同门"；再后来，房子大了些、亮了些，可就那么一个窗户，学生们都要挤到同一个窗下读书、沐浴阳光，就又称之为"同窗"……

这自然是一种玩笑式的说法，但也有一定道理。这些词，确实都是古代用来称呼一起读书、研讨诗文的人，即同学。

幼同嬉戏，长同砚席

《北史》中讲到，北魏人元晖勤于读书，年少时便小有名气，柱国宇文泰（后来北周政权的奠基者）很赏识他，让他和自己的儿辈们在一块儿学习，"每同砚席，情契甚厚"。

清代纪晓岚在笔记里也讲到一个故事：甲和乙"幼同嬉戏，长同砚席，相契如兄弟"（小时候一块儿玩，长大了一块儿上学，亲如兄弟），后来甲有事找乙帮忙，乙为避嫌而拒绝，从而导致两人绝交。

这里的"同砚席"，都是指同学。

"同窗"一词，现在还常用。成语"十年寒窗"中的"窗"，和"同窗"的"窗"用法相同，都是指在窗下学习。

同门，指向同一位老师学习，这样的人自然也是"同学"。成语"同门共业"是同样的意思。常见的用法如：大家都是同门师兄弟，不论入学先后，成绩高低，面对困难，都应该齐心协力、和衷共济。

古人对于同事怎么称呼呢？

同在朝廷或一个衙门里做官的人，称为同僚。现代把同在一个机关里办公的人，即单位同事，也称为同僚。如：大家都是同僚，都是为国家办事，有什么分歧，不妨当面说出来商量。

类似的是"同人"。不过"同僚"多用于官场，"同人"则使用范围更广，也可以指志趣相投的人。

另外，我们要了解"同侪"这个词的用法。

侪，音 chái，辈、类。同侪，就是同辈人、同类人，可以是年龄相近，或者生活经历、审美趣味相近，也可以是同一行业。如"超拔同侪"，在同辈中表现很突出；"同侪共进"，大家共同努力。

吾侪不努力，负此国民多

"侪"还可以组词"吾侪"，意思是我辈、我等、我们这样的人。

近代著名思想家梁启超有一句诗："吾侪不努力，负此国民多。"意思是我等如果不努力的话，那就亏欠此国此民太多了！表现出作者强烈的爱国主义情怀。

历史上常有"吾侪不出，如苍生何"的说法，意思是像我们这样的人不出来拯救天下的话，天下苍生可怎么办呀！

天下风云出我辈。

在电影《东方不败》中，李连杰饰演的男主令狐冲吟了一首诗，让人印象深刻——

天下风云出我辈，一入江湖岁月催。皇图霸业谈笑中，不胜人生一场醉。

"我辈"，就是"吾侪"，两个词可以互相替换。

知识拓展

同年：古代指同一年考中科举的人。

同寅：同"同僚"，指在同一个部门当官的人。

亲炙 / 私淑 / 高足

小说里，不论是修仙、练武，还是读书、做学问，师承何人，师门的江湖地位如何，都是很重要的事情。

名门正派，表明一个人的出身；名师出高徒，表明一个人的成就高低和授业老师之间的关系。总之，如果有个很厉害的老师，是很值得骄傲也让人羡慕的事情。

那么，得到老师的亲传，用什么词来表示呢？

亲炙，（弟子）亲身受到（老师的）教诲、熏陶。要注意其中的主谓关系，如：在学校数年，有幸亲炙，深感老师之学问渊博如大海。

如果没有得到过某位老师的直接传授，怎么说呢？如：某老师在我们学校教另一个班级，听说水平很高，我们久仰其名，但无由亲炙。

虽然某老师一直没有教过你，但是你对他的学问很仰慕，经常读他的著作、文章，感觉自己也算得上是某老师的"偷拳"弟子。这种情况，古人也有一个词"私淑"：没有得到某人的亲身教授，而又敬仰他的学问，并尊之为师、受其影响。

——老师未必认可（也许都不知道）有这么一个弟子，但弟子心目中一直把他当成老师。

孟子的遗憾

儒家学问常被称为孔孟之道，孔子和孟子是儒学的两位代表人物。但是，你知道吗，孟子比孔子要晚出生一二百年，他虽继承了孔子的学问，却其实连孔子的面都没见过。

所以孟子深觉遗憾，他说："予未得为孔子徒也，予私淑诸人也。"我没能成为孔子的学生，只是从其他人那里学习到了孔子的学问。

"私淑"一词正是出自这里。

老师有名，做弟子的自然面上有光，别人也会对他另眼相看。对于别人的弟子，古人称为"高徒""高足"，意思是某老师的优秀学生。

称人高足／高徒，既赞扬了学生，也恭维了老师。

高足本是骏马

汉代把用作驿站传递的马匹分成三等，高足、中足、下足。这就是"高足"的本义：上等马，良马／骏马。

《古诗十九首》中说："何不策高足，先据要路津？"意思是为什么不骑上快马捷足先登，先把好位置给占住呢？

要路津，指重要关口，比喻重要的、好处多的官职。

私淑弟子：这是很有争议的一个词。既然是私淑，表明没有受到过老师的亲自传授、教育，那就不能说是弟子；但"私淑"后面加上"弟子"，就变成偷学了老师本事的弟子，偷学是方法，弟子是结果，这个短语实际上是承认了弟子的身份。所以有人认为，"私淑弟子"的说法不成立。

—— 语文加油站

武将学《论语》

唐朝有个节度使叫韩简，一介武夫，但又很有上进心，常常为自己没文化而感到羞耻。有一回找来一个秀才，给自己讲习《论语》。这天学了"三十而立"这一句，第二天，就跑去和自己的属下说："我今天才知道古人有多纯朴，到了三十岁才站得起来。"属下一听，捧腹大笑。

鸿儒／白丁

唐朝作家刘禹锡的《陋室铭》，很多人都能背诵：

> 山不在高，有仙则名。水不在深，有龙则灵。斯是陋室，惟吾德馨。苔痕上阶绿，草色入帘青。谈笑有鸿儒，往来无白丁。可以调素琴，阅金经。无丝竹之乱耳，无案牍之劳形。南阳诸葛庐，西蜀子云亭。孔子云：何陋之有？

其中"谈笑有鸿儒，往来无白丁"一句，意思是：到我这里来谈天交流的都是学问渊博之人，至于目不识丁、知识浅薄的人，我都不跟他们来往。

鸿儒：鸿，大；儒，读书人、有学问的人。

白丁：本义指平民百姓，没有官身的人。古代读书人没有功名或者出来做官之前，也自称"白丁"。在《陋室铭》中，

知识拓展

硕彦：常和"鸿儒"并举。硕，大；彦，有才学、德行的人。成语"硕彦名儒"，指有大名气、大学问之人。

指没有知识的人、不学无术的人。

从古至今，大众都敬重读书人，愿意跟有学问的人在一起。所以有人取名"鸿儒"，却没人会取名"白丁"。

宋代释重显《访俞秀才》诗，有句："江城雨雪书名纸，不谒鸿儒更谒谁。"我冒雪而来，递上名帖，不是为了拜访您这位博学之士，还能为了谁呢！

——有学问的人，总是能赢得尊敬。

知识拓展

敬惜字纸：敬惜上面写有字的纸，这是古人敬重文化的一个重要表现。字纸掉在地上，不能用脚踩踏，对字纸不能随意丢弃。《燕京旧俗志》记载："污践字纸，即系污蔑孔圣，罪恶极重，倘敢不惜字纸，几乎与不敬神佛，不孝父母同科罪。"

纨绔／膏粱／不肖

人最容易通过哪些方面来显示自己的身份特殊、与众不同？答案一是穿，即俗话说的"行头"；二是吃，即所谓格调与派头。这种行为模式，古今都是一样的，今天人们秀限量版衣服、包包、座驾，秀在高档餐厅吃饭的账单，古代人也秀。

纨绔，音 wán kù，本义是高档材质的衣服，绔，裤子。引申为穿着华丽衣服的人。在实际使用中，特指每天打扮得漂漂亮亮的，四处游手好闲、不务正业的富贵人家子弟。同"纨绔子弟"。

膏粱，音 gāo liáng，膏是肥肉，如"民脂民膏"；粱是细粮。引申为精致饮食，代指富贵人家或富贵人家的生活。成语"膏粱子弟"，比喻锦衣玉食、贪图享乐的富贵人家子弟。如古人笔记中说："今人称富贵家子弟曰膏粱子弟，言但知饱食，不谙他务也。"——不干正事，一味吃喝玩乐。

"膏粱"一词也有名门望族的意思，所以在人们理解中，

知识拓展

轻薄：从"纨绔"演变而来，纨绔是细绢做成的衣裤，这种布料既轻又薄，所以叫"轻薄"。借指行为举止轻佻、不正经。

"膏粱子弟"也指其人出身门第较高，不是一般的富人家庭可比。

总之，"膏粱子弟"和"纨绔子弟"，是半斤对八两，五十步对一百步，谁也不用笑话谁，都是戏曲故事里常说的"败家子儿"。

浪子回头

近代名人曾国藩，他爷爷叫曾玉屏。曾玉屏年轻时就是个如假包换的纨绔子弟：整天吊儿郎当，还花大价钱买了一匹马。要知道，对多数家庭来说，马是非常华而不实的奢侈品——看着很风光、气派，但没实际用处。

曾玉屏不干农活，天天骑着马跑到城里，跟一帮浮浪子吹牛、玩闹，自以为很酷很潇洒。有个同村的老头带着孙子经过，看见了，悄悄指着曾玉屏对孙子说：千万别学那人，天天游手好闲，跑到城里装阔少，老曾家迟早得被他败完！

不料这话被曾玉屏一字不漏地听去了。曾玉屏有如当头棒喝，幡然醒悟，当即把马卖了，回家努力做事，不仅家产越挣越大，还鼓励儿孙读书，终于在孙子曾国藩这一辈手上，曾家成为全国一等一的家族。

败家子，古人称为"不肖子／不肖子孙"，意思是不能继承祖先事业、精神，没有出息的子孙。不肖，不像，不贤。近代有位小说家，被称为中国武侠小说的奠基人，他是湖南平江人，所以笔名就叫"平江不肖生"，他的代表作《江湖奇侠传》被拍成电影《火烧红莲寺》，影响深远。

也用作自谦。如小说里常见到的：不肖子孙某某愧对先祖……

尧之子不肖

传说中华民族早期有三位圣君，尧、舜、禹。他们之间的权力交接都是禅让制，传贤不传子。据说尧帝年老时，有意想让儿子丹朱做他的接班人，但是通过考查，"尧知子丹朱之不肖，不足以授天下"，于是命令丹朱让贤，把权力交到了舜的手上。

对于丹朱是怎样"不肖"的，史书中没有明确的说法。

潦倒不通世务，愚顽怕读文章。

愚顽，即又蠢又顽固，同"冥顽不灵"。这两句出自小说《红楼梦》，是嘲笑贾宝玉这个纨绔子弟，糊里糊涂不懂人情世故，愚笨顽劣不肯用心读书（科举）。全篇为："无故寻愁觅恨，有时似傻如狂；纵然生得好皮囊，腹内原来草莽。潦倒不通世务，愚顽怕读文章；行为偏僻性乖张，那管世人诽谤！"

三坟五典／灾梨祸枣／汗青

　　"书是人类进步的阶梯。"苏联作家高尔基的这句名言，深入人心。那么，古代关于"书"，有哪些需要知道的知识呢？我们先看一个故事：

且待小僧伸伸脚

　　明代作家张岱在代表作《夜航船》里讲了一个故事。

　　一艘船上，僧人和书生位置靠近。晚上，书生和船上的人聊天，有意卖弄学问，听得僧人肃然起敬。船上空间小，僧人有意让着书生，自己尽量将身子蜷缩着。但是听了一会儿，僧人觉出不对劲来了，于是问书生：请问相公，澹台灭明是一个人、两个人？

　　书生想当然地回答：两个人。

　　僧人又问：尧舜是一个人、两个人？

　　书生还是很自信地回答：自然是一个人。

　　僧人呵呵笑了起来，说：这么看来，我也不必这么委屈着自己，且待小僧伸伸脚！

　　澹台灭明，复姓澹台，字子羽，是孔子的学生，《论语》中有记载。此人长得挺丑，连孔子都嫌弃他，但是对其人的才能和品性有些了解之后，孔子检讨说："以貌取人，失之子羽。"——在澹台灭明这儿，我以貌取人，原来是大错特错了。尧和舜，是传说中的两大圣人。所以故事中的书生不好好学习，不懂装懂，闹了笑话。

接着这个故事，我们也提一个问题：三坟五典是几本书？

首先，要知道，三坟五典、八索九丘，说的都是上古时代的书籍。

孔子编辑《尚书》，称："伏羲、神农、黄帝之书，谓之《三坟》，言大道也；少昊、颛顼、高辛、唐、虞之书，谓之《五典》。"伏羲、神农、黄帝，是传说中中华民族的祖先，称为"三皇"。记载三皇事迹的书，便是《三坟》。少昊、颛顼、高辛（帝喾）、唐（尧）、虞（舜），是上古时期五位帝王，史称"五帝"（具体是哪五人，有不同说法）。记载五帝事迹的书，便是《五典》。

八索，据说内容是关于八卦的，或说是古代八大水系的档案。九丘，据说内容是古代九州的档案。

未怕秦灰，终归孔炬。

出自清代文学家郑板桥（郑燮）。郑板桥认为：古代有两种人都在烧书，一种是秦始皇的"焚书坑儒"，即"秦灰"；一种是孔子编《诗经》，从三千篇中，删去差的、坏的，留下精华的三百来篇，即"孔炬"。孔炬是"不烧之烧"，那些质量差或者格调不高的作品，被自然而然地淘汰掉。所以，读书要读好书，写书更要写好书，不然就会"未怕秦灰，终归孔炬"。

如此一来，前面那个问题的答案就很清楚了。"三坟五典"常用来指代古代典籍。

古人对"书"有很多种称呼，我们挑些有趣的来了解。

牙签，古代早期图书形态多是卷轴，但卷起来是看不见书名和内容的，为了方便检索，便在卷轴上悬挂一个象牙或兽骨制成的标签，注明书名、作者，这标签便称为"牙签"。后来遂指代图书。如南唐后主李煜的诗句："牙签万轴裹红绡，王粲书同付火烧。"

灾梨祸枣，古代印书用梨木、枣木作刻板，如果刻了质量差的文章，那自然是让梨木、枣木都遭了殃、倒了霉，受了委屈。"灾梨祸枣/灾梨枣"有时用来指代书，也指粗制滥造图书的行为。多用于文人自谦：出版了作品，自觉不够好，所以称自己的作品是"灾梨祸枣"，浪费纸张。

还有一个很熟悉的词：汗青。南宋被灭，文天祥被元朝抓起来，临刑前写下绝笔诗："人生自古谁无死，留取丹心照汗青。"汗青，是指史书、史册。在以竹简为载体的时代，制作竹简，需要先用火把竹子里的水分烤干，就像竹子在出汗一样，后世便以"汗青"来指代书籍、史册。

知识拓展

　　杀青：以火炙烤竹子的这一工序，名为"杀青"。后世用"杀青"一词表示作品写完了，完稿、竣稿。

江湖 / 魏阙 / 阀阅 / 阎闾

"江湖"这个词,我们都熟悉。"江湖好汉"一般很少提了,但是人们造出了一批新的"江湖"词语,如"网络江湖""网游江湖""直播江湖"……

现代语境里,一个行业就是一个江湖。不过在古时,江湖主要是指与"庙堂"相对的存在,即民间。

关于"江湖",有两个典故应该了解。

其一,"相濡以沫,不如相忘于江湖。"出自《庄子》,意思是泉水干涸了,鱼儿以彼此的唾沫来苟延残喘,虽然让人感动,却不如相互忘却,去到大江大湖里,一别两宽,各自欢喜。今天,"相濡以沫"作为褒义词使用。这里的"江湖",用的是本来意思,江海湖泊。

其二,"居庙堂之高则忧其民,处江湖之远则忧其君。"出自北宋政治家范仲淹的名篇《岳阳楼记》,意思是:一个人,

好口才

清风两袖朝天去,免得闾阎话短长。

我将两袖清风,朝见天子,绝不让老百姓说我的闲话。出自明朝大臣于谦《入京》一诗。这里的"闾阎"即"阎闾"。古时,人们把随身的钱物放在袖中,"清风两袖"则表示为人清白,不愿同流合污。

身在朝廷里做着大官，就应当心系百姓；如果是在民间，远离权力中心，那也不能忘记关注国家安危。这句话以"庙堂"和"江湖"相对，很好地诠释了二者的含义。

在这篇文章的末尾，范仲淹发出了"先天下之忧而忧，后天下之乐而乐"的呼声，代表了中国传统读书人以天下为己任、为苍生谋幸福的伟大情怀。

庙堂，指古代帝王祭祀、议事的地方，象征着国家的权力中心。后世把在政府里做官的人，都称为身处庙堂、在朝；而把没有官身的，称为在野。

有一句与"居庙堂之高，处江湖之远"非常相似的话，同样来自《庄子》："身在江海之上，心居乎魏阙之下。"意思是虽然人在民间，心里却还系挂着朝政大事。

"江海"同"江湖"；魏阙，指官门上高大的建筑物，常在这里发布国家法令，后用作朝廷的代称，同"庙堂"。成语"心存魏阙"即典出这里。

清代文学家李渔的《笠翁对韵》，是一部教小学生学习对联韵律的启蒙书。其中"阀阅对阎闾"一句，与上面的"魏阙对江海"是很好的参照。

阀阅，指官宦人家大门外用来张贴功劳状的柱子，后来引申为当大官的人家，即仕宦之家、勋贵家族、衣冠门第。

"阀阅"是当大官的，那么与之相对的"阎闾"，自然就是平民之家。阎闾，音 yán lǘ，指普通人居住的地方，引申为平民。

和"江湖""阎闾"相近的词语，还有沟渠、垄亩 / 畎亩。

沟渠，本指灌溉用的水道，引申为荒野，低贱之地。

西汉文学家扬雄写道："当涂（途）者升青云，失路者委沟渠。"意思是混得好的青云直上，混得差的被弃于沟渠。以强烈而鲜明的对比，深刻地反映出一种社会现实。这里，"青云"和"沟渠"相对，类似于"庙堂"与"江湖"。

三国政治家诸葛亮的名篇《隆中对》，自述出身和抱负，第一句便是："亮躬耕陇亩。"陇亩，同"垄亩""畎亩"（音 quǎn mǔ），指田地、山野。与"阀阅"相对时，可理解为"民间"。

如《后汉书》中有"或起畎亩，不系阀阅"一句，将"畎亩"与"阀阅"对举，是说那些优秀的人才，很多都是从普通百姓中崛起的，并不是天生就是贵族家庭出身。——优秀的人靠的是自己的奋斗，而不是拼爹。

旧时王谢堂前燕，飞入寻常百姓家。

出自唐代诗人刘禹锡的《乌衣巷》一诗，被广为传诵。作者短短几笔，勾勒出了历史上屡见的一幕：曾经的门阀贵族，转眼间便风光不再，沦落如同寻常百姓。

全诗是：朱雀桥边野草花，乌衣巷口夕阳斜。旧时王谢堂前燕，飞入寻常百姓家。

王谢，是东晋时期最为显赫的两大家族。

宦游／青云／致仕

古代把人民分为四类：士农工商，称为"四民"。地位最高的是"士"，指读书人、做官的。

古代读书人的理想，是修身、齐家、治国、平天下，其中治国、平天下都需要做大官，所以有"学而优则仕"一说，意思是书读得好、学习成绩优异，就可以做官。

古代称做官就是"出仕"。

官宦，宦音 huàn，泛指官员。

"仕"和"宦"都是做官的意思，词组"仕途""宦途"，都是指做官的经历。

终南捷径

唐朝时，卢藏用早先在终南山隐居，名望很高，后被征入朝，很快做上大官。后来司马承祯在天台山隐居，皇帝也征他入朝，要给他官做，司马承祯拒绝了，要求仍回天台山去修行。卢藏用不以为然，指着京城附近的终南山说："这山里也大有好去处，何必非要回天台呢！"司马承祯回答："终南山虽好，不过是做官的捷径！"

后人便用"终南捷径"来比喻谋求仕途或名利的快捷之路。

同是天涯宦游人

古代往往规定，人不得在本地为官，加上交通不便，很多官员上任时不能带上家属，所以做官也很辛苦。为求官或做官而出外奔波，称为"宦游"。唐代诗人杜审言有一首《和晋陵陆丞早春游望》诗：

独有宦游人，偏惊物候新。云霞出海曙，梅柳渡江春。

淑气催黄鸟，晴光转绿蘋。忽闻歌古调，归思欲沾巾。

首联意思是只有我们这些外出做官的人，才会对四季物候的变化这么敏感。诗里流露出一种浓浓的思乡愁绪。

祝福一个读书人或者官员，可以说"青云直上""平步青云"。青云指高空的云，比喻志向远大或者高官显爵。这两个词意思是轻松、顺利地升上很高的官位。

古人又把谋求高官显爵之途称为"青云路"。明代唐寅有诗句："功名发轫青云路，长愿存心在泽民。"

那么官员正常退休应该怎么说？即"致仕"。注意，"致仕"不能理解为做官，否则就与这个词的真实意思正好是南辕北辙了。

国士 / 泰斗 / 执牛耳

国士，指一国之中最优秀的人才。宋朝诗人黄庭坚解释说："士之才德盖一国，则曰国士。"才干和品德都是最顶尖的，可称为"国士"。意思跟"国之栋梁"相近，和现在说的"国民偶像""国家名片"是同样的构词法。

"国士"是对一个人能力和品德最高的评价，最大的认可。常用词组"国士无双"，指一国之内独一无二的人物。

今天，我们常称某某是"文坛泰斗""医学泰斗"，"泰斗"是什么意思呢？

泰斗，即泰山和北斗。泰山是五岳之首，"天下第一山"，地位特殊而崇高。在古代，封禅是一个王国最重要的仪式，

好口才

人以国士待我，我以国士报之。

出自《战国策》。著名刺客豫让，其"老板"智氏家主智瑶，死于赵氏家主赵襄子之手，豫让决定为他报仇，多次行刺赵襄子。赵襄子抓到了豫让，问他：智瑶已经死了这么久，你怎么还对我纠缠不休？豫让回答：知伯（智瑶）以国士遇臣，臣故国士报之。——智瑶拿我当国士相待，我就要以符合国士的作为来报答他。

"国士"一词，道出了豫让对知遇之恩的感激。

封禅仪式首选之地，便是泰山。

北斗，指北斗七星，一直悬挂于北天，常年可见。孔子说："为政以德，譬如北辰，居其所，而众星共（拱）之。"以道德教化来治国，就像北极星那样，往那儿一站，群星就会环绕、拱护在它的周围。由此可见"北斗"地位之尊崇。

所以"泰斗"一词，用来指代德高望重，为众人所敬仰的人。他是人群中的王者，是专业领域的"执牛耳"者。

《幼学琼林》中说："执牛耳，尊人主盟；附骥尾，望人汲引。"古代诸侯会盟，仪式主持者会亲手揪着牛耳朵，割耳取血，结盟代表每人一碗，喝下去或者涂抹在嘴唇上，以示诚意。所以"执牛耳"的人，代表盟主，居领导地位的人。可与"马首是瞻"参照来看。

附骥尾，指（蚊蝇）附在千里马的尾巴上，马跑多快多远，它也就能跑多快多远。比喻仰仗他人而成名。也用作附尾／附骥。这是自谦的套语。比如：先生是学界泰斗，我能跟随先生学习，得附骥尾，真是三生有幸！

会当凌绝顶，一览众山小。

出自杜甫作品《望岳》，诗人站在泰山之巅看群山，群山顿时显得矮小。形容人生努力登顶后，站到风景最高处后的意气风发。多用于表达个人志向。

栋梁 / 柱石 / 干城 / 股肱

金庸的小说《射雕英雄传》中，赞美主角郭靖是"侠之大者，为国为民"。能为国为民做出大贡献，才是人生事业的极致，所以古时赞美一个人，往大处说，会称为"国之栋梁"或"栋梁之材"。

栋梁，古代房屋建成后，需要选用最结实、最挺拔而且长度、粗细都合适的整根木头来做大梁，这样房屋才能稳固。用来做大梁的木头，便称为栋梁，后用来比喻有非凡才能、有重要作用的人。

比如：开学典礼上，校长激励全校学生说，你们都是国家未来的栋梁之材，趁着年轻时一定要努力学习本领。

和峤有栋梁之用

和峤，魏晋时期人，正直能干，享有盛名。有人评价他："森森如千丈松，虽磊砢有节目，施之大厦，有栋梁之用。"

——您就像那高耸的千丈松树，虽然表面不够光滑，但如果是建高楼，却可当栋梁来用。

古代赞美担当重要责任或者功劳很大的官员，也会称其为"国之柱石"。

柱石，也跟房屋建筑相关，指顶梁的柱子和垫柱的础石，用来指一个国家里最重要的大臣。

　　对于保卫国家领土安全的将士，则誉为"国之干城"。比如可以说：我们伟大的军队，是国之干城，守护着十四亿人民的幸福、安定。

　　干，盾牌；城，城墙。二者都是防卫的有效工具。《诗经》中说："赳赳武夫，公侯干城。" 强壮、威武的兵士啊，你们像坚实的盾牌和城墙那样，保卫着公侯。

自毁长城不可取

　　南北朝时期，南朝宋的大将檀道济，掌管着国家最强大的兵力，在将士心目中威望很高。皇帝担心檀道济会造反，在一些大臣的挑拨之下，把他骗离军队后，关进大牢，准备处死。檀道济痛心不已，大吼道："乃坏汝万里长城！"（你们这样做，是在自毁万里长城啊！）

　　最终，檀道济仍然被杀。这种杀死己方人马、削弱己方力量的行为，被称为"自毁长城"。

　　斗筲：音 dǒu shāo，斗和筲都是量米的器具，容量很小，比喻人的气量狭小和才识短浅。

　　比如：这个人心胸狭隘，睚眦必报，是斗筲之徒。

　　有时也用作自谦：在下斗筲之材，不敢入您法眼。

如果要赞美一个官员对国家或皇帝很重要，还可以说"股肱之臣"。

股肱，音 gǔ gōng，就是胳膊和大腿。比喻一个团体中重要的辅助人员，即通常说的"左膀右臂"。以身体部位来指代担当某方面重要责任的词语，还有"手足""耳目""喉舌""爪牙"等。

知识拓展

手足，多比喻兄弟关系，如"情同手足"。

耳目，指听和看，比喻起到监察作用或者侦察消息的人。

喉舌，《诗经》中说，"出纳王命，王之喉舌"，把负责为帝王传达命令的人称为"喉舌"。今天多指媒体机构或个人。

爪牙，指锋利的爪和牙，比喻得力帮手、勇武之士，是褒义词。古代多用来形容武将、衙役等官吏。今天用作贬义，同"党羽""帮凶"。

束脩 / 俸禄 / 润笔

付出了劳动，就要得到报酬。那么在古代，不同职业的报酬，怎么称呼呢？

我们先来说说"钱"。古代钱币，多数时候是外面为圆、里面有方孔，所以人们戏称钱币为"孔方兄"，偶尔也称为"家兄"。繁体的"钱"字，拆开来是金、戈、戈三字，"戈"谐音"哥"，所以人们称钱为"兄"。

现代社会，金钱是体现劳动报酬的主要形式，但在古时候，劳动报酬往往并不单一体现为钱。古时物资匮乏，除了钱之外，劳动报酬往往围绕着吃和穿来做文章。有些故事，在我们今天听来会觉得很有趣。

比如，老师的劳动报酬称为什么？

腊肉当学费

《论语》中记载了孔子的一句话："自行束脩以上，吾未尝无诲焉。"意思是，只要送给我十条腊肉，我就收他当学生。束脩，音 shù xiū，十个为一束，脩是腊肉，"束脩"就是十条腊肉。

后世人们对孔子的这句话进行了多种解读，有人说不该要求学生给腊肉的，有人说十条腊肉收得太少的，也有人说十条腊肉不多也不少，很符合孔子的中庸之道……但有一条是确定的，"束脩"就是孔子每收一个学生，所要求交纳的学费。

所以，后世把老师的劳动报酬称为束脩。

官员的工资称为什么？称为"俸禄"，音 fèng lù。

历史上，官员的俸禄往往是一部分为钱，一部分为粮食。然后皇帝每有赏赐的时候，则用布（绢帛）来当奖品。——很实际，吃的、穿的，以及一部分用来花的钱。

正因为粮食在官员俸禄中的地位，所以很多朝代，官员的品阶直接和粮食挂钩。比如二千石，表示这个官员的年薪是二千石粮食。石，音 dàn，粮食计量单位，一石等于十斗。所以官当得大不大，就看你领到的粮食多不多，是二百石还是二千石。

再比如，军人的工资称为"饷"，音 xiǎng，也是一部分钱、一部分粮。小说里经常看到这样的句子："当兵的吃粮领饷，天经地义。"

不得一钱，何以润笔

隋文帝时，有个叫郑译的人。隋文帝杨坚能当上皇帝，郑译是有大功劳的。隋朝建立后，郑译被封爵，地位很高。

但是有一段时间，郑译犯了事，被隋文帝贬职。过了几年，皇帝想起郑译从前的功劳，下令给他恢复原职，当着郑译的面，让人拟写诏书。这时，宰相高颎对郑译开玩笑说："笔干了！"

郑译回答："不得一钱，何以润笔。"——我这些年工作，一文钱都没有存下，拿什么来给你润笔！

毛笔很久不用，笔毛干巴巴地粘在一块。这时就需要拿毛笔在水里泡一泡，让笔毛泡开、泡软，这样毛笔就容易吸收墨汁，便于书写。这个过程，称为润笔。

高颎问得妙，郑译答得也妙！后来人们就以"润笔"为请人写文章、写字、作画的劳动报酬，也即今天俗称的稿费。也作"润资"。

知识拓展

阿堵物："阿堵"是六朝时的口语，意思是"这个"。

东晋人王衍，非常清高，认为谈钱太俗，嘴里从不说出"钱"字。妻子捉弄他，故意在床前堆了一堆铜钱。第二天早上，王衍醒来后看到，大喊："举却阿堵物！"——快把这些东西搬走！"阿堵物"因此成为钱的代称。

绸缪 / 邂逅

事情未发生而有所准备，就是"绸缪"。

未约定而意外遇见，即不期而遇、偶遇，就是"邂逅"。

绸缪，音 chóu móu，本义是紧密缠缚，后用作事前准备。有成语"未雨绸缪"，如：我们无论做什么事，都应当提前有所计划，事成于未雨绸缪，事败于临时抱佛脚。

绸缪当先于未雨

《诗经》中有一首"鸱鸮"诗：

鸱鸮鸱鸮，既取我子，无毁我室。

恩斯勤斯，鬻子之闵斯。

迨天之未阴雨，彻彼桑土，绸缪牖户……

鸱鸮，音 chī xiāo，即猫头鹰。意思是说：猫头鹰啊猫头鹰，你既然夺走了我的雏鸟，就不要再毁坏我的巢。我含辛茹苦，为了养育雏鸟已经病倒。我要趁着阴雨天还没到来，抓紧用桑皮桑根，把窗门修牢。

有美一人，邂逅相遇

"邂逅"一词同样出自《诗经》：

野有蔓草，零露漙兮。有美一人，清扬婉兮。邂逅相遇，适我愿兮。

野有蔓草，零露瀼瀼。有美一人，婉如清扬。邂逅相遇，与子偕臧。

诗的大意是：在郊野蔓草上，偶遇一位美丽的姑娘，她眉目流盼，婉美多情，令我一见倾心，与她携手同行。

今天，"邂逅"一词可单独使用，不再加"相遇"二字；可以指人与人的偶遇，也可以指人与物。如：这本书我寻找了很久，连图书馆也没有收藏，不料却在一个偏远地方的旧书店里遇见，这真是一个美丽的邂逅。

人无远虑，必有近忧。

出自《论语》。人要是没有长远的考虑，则眼前的麻烦必然多多。所以，做事情还是要多多注意"未雨绸缪"。

贵姓／贵庚／仙乡何处

与人交往，问及姓名、年龄、家在何处，这都是最通常不过的了。但是现在的语文教学往往忽略了这方面，很多人也没有从生活中得到这方面的知识，于是时常会闹出一些尴尬。

比如，家里来了一位长辈亲戚，因为是初次见面，少年人便拉着长辈问长问短。

少年：您叫什么名字？

长辈：呃……

少年：您几岁了？

长辈：呃……七十。

少年：您住哪里？

长辈：北京。

知识拓展

免贵：别人问你"贵姓"，作为回答方，首先要说"免贵"，然后告知姓氏。

敝姓：回答姓氏时，客气一些的，还会用上"敝姓"这个词。如：敝姓赵。

敝，是谦辞，用于称呼自己，如敝人（我）、敝处（我这里）、敝乡（我家乡）。

世界上最让人尴尬的事情之一就是：一个小孩儿问一个白胡子老头"你几岁了？"。让人回答也不是，不回答也不是。

　　同样的情况，在古时候，会是这样进行的——

　　　少年：您贵姓？（问长辈名字是不礼貌的）

　　　长辈：免贵，姓赵，赵钱孙李的赵。

　　　少年：贵庚？

　　　长辈：七十啦！

　　　少年：您老高寿啊！

　　　长辈：准备再活五百年呢。

　　　少年：仙乡何处？（或者：府上是哪里？）

　　　长辈：家就在皇城根下晒着太阳呢。

　　你看，这么聊天，多和谐。

　　古人讲究自谦而敬人，对别人要尊敬，对自己则贬抑——一定要低调。所以提到对方时，要用敬语。"贵"，就是敬语，除了贵姓、贵庚，生活中经常用到的还有贵府（跟"府上"意思相同）、贵司等词。

　　高寿，既可以用于赞美对方长寿，也可以用作敬语。比如少年问长辈："您老高寿？"意思和"贵庚"是一样的，也是问人年龄。

　　仙乡，敬语，是对别人家乡的美称。现在口语中已经很少使用。

　　同样是问人姓名的，还可以说"高姓大名"，多用于对同辈或小辈说话。如：这位壮士高姓大名？

这些词语一定要掌握，出行在外，和陌生人搭讪、聊天，尤其要懂得使用。

知识拓展

宝号：称呼对方的店铺。意思跟"贵司""贵店"相近。

宝眷：称呼对方的家眷。眷，音juàn，指亲属，如"眷属"；"有情人终成眷属"则特指夫妻；"女眷"，是女性家属。

薄面／薄礼／笑纳

在礼节这件事上，有一条基本原则，就是厚彼（别人）薄此（自己）、扬人抑己。

别人的关照，是"厚爱"；别人的礼物，是"厚礼"。

那么，到了自己这里，需要请人关照或者留情，要怎么说呢？要说请看在我的"薄面"上。

逢年过节，或者受别人帮助想有所回馈时，给人送礼，怎么说话才动听呢？得说"区区薄礼，不成敬意，还请笑纳"。

"薄"，微、弱、少的意思，引申为轻视、看不起，用作谦辞。所以"薄面"就是微薄的情面，"薄礼"就是很少很轻的礼物。

之所以这么客气、谦逊，不惜"委屈"自己，都是为了更好地显示出对别人的尊重。很多时候，人与人之间的交往，你尊重了别人，其实也就是尊重了自己。

区区薄礼，不成敬意，还望笑纳

清代有一部小说《儿女英雄传》，讲了侠女十三妹和一位书生安公子的故事。有人给安公子送来一些礼物，同时附有一封信，信中就写道：

"再带去些微土物，千里送鹅毛，笑纳可也。"

——"些微"，就是"很少""一点点"的意思；"土物"，土特产；"千里送鹅毛"，礼轻情义重，请您"笑纳"。

　　送人礼物时，最常见的说法是："区区薄礼，不成敬意，还望笑纳。"

　　——礼物太轻太少，不足以表达我对您的敬意，但还是请您不要嫌弃，勉强接受！

　　请注意，"笑纳"可不是笑着接纳，"笑"是嘲笑、笑话的意思。

　　"薄面"是书面的用法，其实生活中还有一种更通俗的说法："老脸"。这个词自嘲、自黑的味道更重。

叨扰 / 莅临 / 下榻

出门访友，或者接待来客，有些词语如果用错了，也很容易闹出笑话。

比如我们看这么一个例子：

> 甲出差到北京，被邀请到乙家里做客。
>
> 一进门，甲说：老朋友，感谢你邀请我莅临你家。
>
> 乙答：别客气，欢迎叨扰。
>
> 甲又说：你家里真宽敞，真是蓬荜生辉呀！今晚上我就下榻这里了！
>
> 乙答：没问题，你这么远来拜访我，我太感动了。

这段对话中，"莅临""叨扰""蓬荜生辉""下榻""拜访"，都是接待中常用的词汇，但是甲和乙却都用错了。

莅临，光临、来到的意思，是主人对客人表示敬意，多用于形容长辈、上级及贵宾的光临，比如：欢迎各位专家莅临指导！但客人不能对主人说"莅临"。

下榻，指客人来家中住宿，主人对客人使用的敬语。同样地，客人不能对主人说"下榻"。

叨扰，音 tāo rǎo，是客人自觉打扰了主人而不安，或者客人感谢主人款待的意思。"叨扰"和"拜访"一样，都是用于客人对主人说话，主人不能说客人"叨扰"或者"拜访"。

蓬荜生辉，是主人对客人的到来表示感激，倍觉光荣。

如果把它理解为"你的屋子闪闪发光很漂亮",那就是大错特错了。

总结一下:莅临、下榻、蓬荜生辉,是主人能用但客人不能用;拜访、叨扰,是客人能用但主人不能用。

此榻乃贵宾专用

东汉有位名人叫陈蕃,就是故事"一屋不扫,何以扫天下"的主角。

陈蕃为官正直,对有才能的人非常重视。南昌有个读书人徐稚,家里清贫,但品行好,学问深,很有名望。陈蕃对他很敬重。

陈蕃经常邀请徐稚来做客,为此,在家里为徐稚定制了一张榻(床)。每回徐稚一来,陈蕃就把榻放下来,让徐稚住宿,以便作长夜之谈;等徐稚一走,这张榻就悬挂起来,不让别人用。

这就是"下榻"典故的出处。此榻专为您而设,您是不一样的,您是唯一的。后人就把留客住宿叫作"下榻",以示对客人的尊敬。

蓬荜生辉／寒舍

"蓬"是一种很低贱的草，"荜"是用荆条、竹子之类编成的篱笆或遮拦物。所以"蓬"和"荜"凑成一家，这样的房子有多寒酸、简陋，也就可想而知了。

但是有一天，发生了一件惊人的大喜事，喜事临门、红运当头，那么再寒酸、简陋的房子也会如同神光附体、熠熠生辉。

这件大喜事，在苏轼那里，是被宣入学士院，对宋朝有志于从政的读书人来说，这是很大的荣誉和机会。所以苏轼向皇帝写感谢信，说："圣旨召臣入院充学士，承旨使，星下独生蓬荜之光华。"

这便是"蓬荜生辉"典故的出处。

这件大喜事，在我们这里，则是有尊贵的客人驾临，来到家里做客，让我们这寒酸之家顿时增添许多光辉。

——这样说，一是抬高客人的身份，二是自谦，同时越是自谦，也就越能显示客人尊贵。

可以作为"蓬荜生辉"一词注脚的，自然就是"寒舍"。

寒舍、敝宅，多用于谦称自己的家。有客人光临，主人上前热情迎接，嘴里说着："诸位尊驾光临寒舍，真乃蓬荜生辉。"

蓬头垢面："蓬"还有一种含义是散乱，蓬头垢面，就是头发散乱、脸上污脏的样子。

我辈岂是蓬蒿人：蓬蒿，是一种植物，借指乡间、荒野。诗人李白有名句："仰天大笑出门去，我辈岂是蓬蒿人。"蓬蒿人，比喻平凡、没出息的人。

语文加油站

名和字的关系

人一出生就会取名，但取字则要到成年时，表示此人开始被视为"大人"，参与社会生活。称人的字，是礼貌和尊敬，一般不直呼其名。字和名之间，有意义上的联系。如曹操字孟德，孟是家中排行老大，操和德都是指德行；韩愈字退之，愈是超越，退之是向后，名和字意义相反而互补。

久仰 / 幸会 / 恕不远送 / 请留步

《红楼梦》中说："世事洞明皆学问，人情练达即文章。"迎来送往，便是检验一个人是否做到了人情练达的重要场合。

古人在迎来送往上总结出了一些套路，值得今天的我们了解和学习。

首先是客人来，如果是第一次见面，介绍之后，主客互道"久仰"，这是一道必要的流程。"仰"是仰慕，"久仰"就是虽然没见过面，但我已经听闻您的大名、仰慕您的名声很久了。

跟"久仰"类似的是"幸会"——能见到您、结识您，我感到很荣幸。不分主客，都可以说"幸会"。

如果客人是受邀而来，主人则说"恭候已久"，以示重视。

有时客人没有预约，突然而来，主人便说"有失远迎"，以示歉意。有失远迎或有失迎迓，意思是不知道您要过来或者来得比预计的早，所以没有前来迎接您，内心感到不安和抱歉。

其次是客人要离开了，主人说"恕不远送"，以示歉意。

这是主人会用到的一些话术，对客人来说，上门做客，一般会说冒昧 / 贸然前来拜访，或者感谢相邀之类。告辞时，会说多有叨扰；主人要送行，客人会说"请留步"。

久仰大名，如雷贯耳

"如雷贯耳"常跟"久仰"配套使用。通俗小说《三国演义》中，貂蝉以美人计离间吕布和董卓，吕布深陷美色，要救貂蝉出苦海，又害怕义父董卓知晓。这时貂蝉故意激将吕布：

（貂）蝉牵其衣曰："君如此惧怕老贼，妾身无见天日之期矣！"

（吕）布立住曰："容我徐图良策。"语罢，提戟欲去。

貂蝉曰："妾在深闺，闻将军之名，如雷灌（贯）耳，以为当世一人而已；谁想反受他人之制乎！"言讫，泪下如雨。布羞惭满面……

如雷贯耳，形容名声很大，像雷声传进耳朵。

失陪：招待客人的过程中，主人有事需要离开，应跟客人说"失陪一下"。客人需要中途离开，也要向其他客人说一声"失陪"。

饯行／接风洗尘

人际交往，有迎有送，有来有回。前面我们说了，客人来时，主人说"恭候已久"或者"有失远迎"；客人走时，主人说"恕不远送"。这里我们再了解两个词：饯行、接风洗尘。

都说中华民族是热爱美食的民族，中国人讲究吃，很多人际交往也都是以饭局为媒介，深情尽在一杯酒，甜言蜜语不如一桌好饭。这话有一定道理，自古以来，人们形成了一种约定俗成的交往模式：客人来了，要设宴款待，曰接风洗尘；客人走时，要安排一桌酒宴，曰饯行。

接风洗尘，字面意思是迎接将客人送来的风，洗去客人衣服上沾着的尘土。——好生动、新颖的比喻、意象！宋代诗人说"风送故人远"，毛泽东说"风雨送春归"，可见风

衣上征尘杂酒痕。

诗人陆游有一首《剑门道中遇微雨》，全诗是："衣上征尘杂酒痕，远游无处不消魂。此身合是诗人未？细雨骑驴入剑门。""衣上征尘杂酒痕"，形容远游之劳顿，衣服上沾满尘土，夹杂着酒印子，跟我们这里说的"洗尘"，正好互相印证。

确实有迎送之力。接风，就是风送故人归。

风用什么接？美食佳肴；尘靠什么洗？美酒佳酿。所以接风洗尘就是设宴款待远来的客人。"接风"和"洗尘"也可以拆分为两个词单独使用，意思相同。

孔子说：有朋自远方来，不亦乐乎。友人远来，一向是让人高兴的事情。

知识拓展

鸿门宴：有接风宴，有饯行宴，也有鸿门宴。楚汉相争时，刘邦先入关中，立下灭秦大功，惹得项羽非常不满，于是项羽就在鸿门这个地方，设下宴席，请刘邦来相聚，准备除掉刘邦。宴席上，靠着朋友和手下的拼命掩护，刘邦才得以脱险。史称鸿门宴，比喻暗藏杀机、包藏祸心的宴会。

爽约／食言

我们知道"爽"有舒服、痛快的意思，比如清爽、豪爽；成语"秋高气爽"，爽，则已经是明朗的意思。那你知道"爽"还有差错、违背的意思吗？

爽约，"爽"就作违背解。屡试不爽，"爽"作差错解。古人把失约、有约定而不遵守的行为，称为"爽约"。同义词是"失信""放鸽子"。有些人不懂，望文生义，把"爽约"理解为痛快地履行约定。这么理解，自己心里倒是爽快了，但是理解上恰恰是南辕北辙。

魏文侯不爽约

魏文侯和人约好了日子去打猎。到了那天，魏文侯和部下们在一起喝酒，接着下起大雨来。这时魏文侯想起打猎的事，便准备去赴约。

部下劝阻说："我们喝酒正喝得开心，天又下着雨，您是不是别去了？"

文侯说："喝酒是很快活，可是我和别人约好去打猎的，怎么可以失约呢？"便不顾大雨，前往赴约。

因为这件事，各国都很信任魏国，魏国因此开始强大起来。

食言，字面意思是把说过的话吃下去，比喻不守信用，说话不算数。跟"爽约"同义，但在使用上有细微区别。

"爽约"多用于有约定而不履行。比如很多人约好了周末去登山游春，结果到了约定的时间，好些人"爽约"了，连个理由也没有。

"食言"强调的是说话不算数。如：说好了这一周要戒电视，结果这个电视剧太吸引人，让我又食言了！

还有一个词"失言"，意思是说了不当说的话。

你为什么这么胖

春秋时，鲁哀公出差回来，郭重为他驾车。大夫孟武伯来迎接，对着郭重取笑说："你怎么长这么胖啊？"

因为孟武伯经常说话不算数，鲁哀公对他不满，便帮着郭重说孟武伯："是食言多矣，能无肥乎？"

——有些人经常吃下自己说过的话，怎么可能不胖呢？这就是"食言而肥"的典故，指不守信用，只图自己占便宜。

知识拓展

一诺千金：楚汉相争时期，有个人叫季布，为人仗义，好打抱不平，以守诺言、讲信用而著称。当时人们都说，"得黄金百，不如得季布一诺"。成语"一诺千金"即出自这里。

颔首 / 首肯 / 马首是瞻

我们来学习几个与"首"有关的词。

颔首，音 hàn shǒu，即点头，有点头赞同的意思。如：这位同学在演讲比赛上发挥得很好，老师一边听，一边不断颔首微笑。

成语"颔首低眉"，是形容人低着头，显得很谦卑、恭顺的样子。这里的颔首，也有恭敬之意。

首肯，点头表示同意。多用于书面语，如：书信中，就某件事希望得到对方的同意，可以说"如蒙首肯，感激不尽"；如果没有得到对方的同意，则是"未获首肯"。有时也用在对话中，如：这个计划，老师已经首肯了，我们马上开始实行。

"马首是瞻"是成语，原意是作战时士兵们看主将的马头行事，后用来比喻行动中服从指挥，听某个人的命令。

唯余马首是瞻

春秋时期，诸侯国之间经常发生战争，秦国比较强大，所以有一年，晋国联合了几个小国，组成联军，去攻打秦国。

但是联军内部不齐心，各军自行其是，都不听联军主帅荀偃的指挥。荀偃很生气，在军事会议上发布了一条命令："鸡鸣而驾，塞井夷灶，唯余马首是瞻。"——明天早上，鸡一打鸣，我们便开始发起进攻。各军都要拆掉做饭的灶，填平取水的井，列阵作战。到时大家都看着我的马头来行动，我指向哪里，大家就攻打哪里。

荀偃要求所有人都听他的命令，看他的马头行事，这在战场上是很必要的。但是联军内部不团结，意见不能统一，攻秦战争很快失败。

这就是"马首是瞻"的出处。

知识拓展

首善：本义是指最好的，表率，后来多用于指代首都，常用词有"首善之区"。

魁首：第一，居首位的人。

首屈一指：第一的意思。

首鼠两端：犹豫不决，拿不定主意，或立场不坚定。

总角 / 莫逆 / 金兰 / 刎颈 / 忘年

古代中国本质上是一个人情社会，日常来往的都是熟人。这也使得古代中国人特别重视交朋友，"在家靠父母，出门靠朋友"，与人第一次见面、第一次通信，只要是平辈，动不动就称兄道弟，不拿自己当外人。

朋友多了路好走，但朋友也分很多类。这里选一些来了解。

总角，本义是小孩子头上扎的两个发髻，泛指童年。总角之交 / 总角之好，就是儿时一块儿长大的朋友。

三国时，东吴国主孙策和大将周瑜（字公瑾），分别娶了大乔和小乔，是连襟，同时，两人还有另一层关系，孙策说："周公瑾英俊异才，与孤有总角之好、骨肉之分。"——两人还是一块儿长大的朋友。

我们知道，"青梅竹马"是指儿时一块儿玩耍长大的男女，由此引出一个词"竹马之交"，就是小时就关系很好的朋友，这跟"总角之交"意思相近。

不是一起长大，但是结识后感情特别好，这可以说情同莫逆 / 莫逆之交。《庄子》中说到，有四个人志向、价值观一致，"四人相视而笑，莫逆于心，遂相与为友"。莫逆于心，就是彼此相处心意相通，没有半点隔阂。这样的朋友，称为"莫逆之交"。

既然志同道合、感情这么好，要不，大家一起结拜为兄弟？

没有血缘关系的人，结义为兄弟，这叫"金兰之交"。

二人同心，其利断金

《周易》中有一句话，流传很广："二人同心，其利断金；同心之言，其臭如兰。"两个人心意相通，劲往一处使，可以斩断坚硬的金属；同心之人交谈，说出的话语吐着像兰草一样的芳香。

这便是义结金兰／金兰之交的典故出处。

魏晋时，山涛和嵇康、阮籍一见如故，情投意合，"契若金兰"。山涛的妻子有些不能理解，问山涛，山涛说："眼下可以做我朋友的，也就是这两人了！"

正式结为金兰，需要互相交换写有姓名、年龄、家族谱系的帖子，称金兰谱，简称兰谱。有些小说里写到"互换兰谱"，跟"义结金兰"是一样的意思。

是兄弟就要共患难。一起经历患难的，称为患难之交；经历生死考验的，称为生死之交；可以互相托付性命的，称刎颈之交。

杵臼之交：杵臼，音 chǔ jiù，舂捣谷或药的工具。东汉人公沙穆，一边求学，一边在官员吴祐家做舂米工人。吴祐见他谈吐非凡，便与他以朋友相待。这个词用来比喻不以贵贱、贫富论朋友。

谁与你生死与共

"刎颈之交"的典故来自战国时期的一对好兄弟廉颇和蔺相如。

廉颇是赵国名将，蔺相如是赵国上卿，地位比廉颇高。廉颇抱怨："我在战场上攻城略地、出生入死，蔺相如只不过是动动嘴皮子，现在地位却在我之上。我不能忍受。"并扬言要羞辱蔺相如，蔺相如不愿跟他起冲突，有意躲着他。

蔺相如的手下人不满了，说："您对廉颇怕成这样，太掉价了，我们都觉得很没面子。"

蔺相如解释说："我连秦王都不怕，还会怕廉颇吗？我这样做是为了赵国的安定团结。赵国武有廉颇，文有蔺相如，这才是让秦国不敢轻举妄动的原因。"

廉颇知道后，向蔺相如负荆请罪。二人和好，结为刎颈之交。刎颈，割脖子。为了朋友，生死不顾，即为"刎颈之交"。

还有一个词值得了解：忘年交。

顾名思义，忘年，忘记年龄差距。不拘年龄大小、辈分高低而结为朋友，称为"忘年交"。比如：东汉孔融和祢衡是历史上有名的一对忘年交，两人结交时，孔融四十岁，而祢衡才二十岁，地位的高低和年龄的差距并没有妨碍他们之间的友情。

车笠之交：出自《风土记》。古越之地，民风淳朴，交友只论心意，不论外物。与人结拜时会说：

"卿虽乘车我戴笠，后日相逢下车揖；我虽步行卿乘马，后日相逢卿当下。"

——你坐在宝马车里风雨不进，我戴着斗笠日晒雨淋，既然是朋友，相见请下车；我走在路上尘土满面，你骑在马上春风得意，既然是朋友，相见请下马。

怎么说话更动人

·第二辑

鱼书雁帛／鱼雁传书

古人对于信件，有很多别称，有约定俗成的，如尺素、尺牍、书札、书牍、简札；也有不同时代诗人们独创的，如鱼书、雁帛、锦书、双鲤、素书、华翰……

各样说法举不胜举，新奇比喻层出不穷。但有两个意象，最深入人心，就是鱼和雁。

鲤鱼为信使

相传，三国吴人葛玄，把自己写给河伯（水神）的信，交给鲤鱼送去；河伯的回信，也由鲤鱼送来。在这个传说中，鲤鱼开始成为信使。

汉代乐府民歌《饮马长城窟行》中也有一个故事：

客从远方来，遗我双鲤鱼。呼儿烹鲤鱼，中有尺素书。

——尺素书，写在一尺长白绢上的书信。"双鲤鱼"是指鱼形木盒，古时用于装书信。

这下鲤鱼送信的传说算是"有诗为证"了。

鸿雁来传书

汉朝苏武出使匈奴，被扣留十九年而不变节，是持节不屈的典范。据载，汉朝向匈奴要求放回苏武，匈奴不愿意，撒谎说苏武已经死了。汉朝使者不信，便也向匈奴撒谎说：我国皇帝打猎时，射中一只大雁，雁足上系着一封信，说苏武还活着，就在某某地方。匈奴人被唬住了，只好放回苏武。

这就是"鸿雁传书"的出处。

于是，人们以鱼和雁为送信的使者，把书信称为鱼书、雁帛。

在纸张发明之前，书信写在白绢上的，称为"尺素"。写在竹片上的，称为"书简"。写在木片上的，称为"书牍""简札""简牍"。由于古代书函都长约一尺，所以有了"尺牍""尺简""尺书""尺纸"等说法。

仁兄 / 大人 / 女史

在没有电话、手机短信、微信的时代，写信是非常重要的交流方式。不说古代，即使是刚刚过去的二十多年前，在年轻人中间，流行的可不是网友，而是另一种——笔友。

顾名思义，笔友，就是以笔（写信）而结成的朋友。天各一方，不知道彼此模样，靠一封封信，互诉成长的烦恼、生活的喜乐。

写信这件事，很有古典美，但对现代人来说，也颇有难度。

首先，你要把字写好。字若是写得像螃蟹横行，像鸡爪子逐食，不仅自己心虚难安，对方看了也觉得有辱自己那双美丽的眼睛，"不忍直视"。

其次，要懂一些写作书信的讲究。

通常，古代书信包括称谓语、提称语、思慕语、正文、祝福语和署名六个部分。称谓语，就是怎么称呼对方，即书信的抬头。

大致可分为几类。

一是家中长辈，通常在称呼后面加"大人"二字即可，如祖母大人、父亲大人。二是上级、长者，根据不同情况，可称××师、××公、××大人。三是平辈和晚辈，常见的是称××仁兄/贤兄、××君、××贤侄。

还有一个词"女史"，是旧时对知识女性的尊称，写信时可称××女史。

我们今天来学习古代的这类常识，并不是要求全部照搬，依葫芦画瓢，而是要有所了解，在阅读中遇到了能够看懂，对于今天还在使用的一些称谓，有所掌握。

我们今天写信（包括电子邮件），学会这几个字词就基本够用了：师、大人、仁兄／贤兄、君。

对师长或者学问上的长辈，可称××师；

"大人"这个词，在今天有戏谑成分，一般只用于称呼家中长辈。也可偶尔用在关系亲近的上级领导身上，显得既亲切、俏皮又不失尊敬，如厂长大人、老板大人。

对于同辈，用得最多的是仁兄／贤兄，也可直接称"××兄"。兄，不一定是要对方年龄比你大，而是一种尊敬，主动认可"您是老大"的意思。所以书信以及交谈中，常常会有两个人彼此都称对方为"兄"的情况。

相对于"兄"，"君"是较为正式而客气的称呼，并且使用范围更广，男生女生、平辈晚辈，都可以称"××君"。

知识拓展

关于写信这件事，表达最美的是现代作家木心的一首诗，《从前慢》（节选）：

从前的日色变得慢／车，马，邮件都慢／一生只够爱一个人

从前的锁也好看／钥匙精美有样子／你锁了 人家就懂了

尊鉴／台鉴／惠鉴／阁下

前面说了称谓语，古时书信中，跟在称谓语后面的，还有一种提称语。

可以这么理解：写信时，先提对方的名号，让人知道这封信是写给谁的；接下来就要对收信者开始简单的赞美，进一步表示尊敬。这"尊敬"便表现在提称语上。

根据收信对象不同，提称语也有所区别。

父母：膝下、膝前、尊前、道鉴

长辈：几前、尊前、尊鉴、赐鉴、道鉴、钧鉴

师长：函文、坛席、讲座、尊鉴、道席、撰席

平辈：足下、阁下、台鉴、台甫、大鉴、惠鉴

同学：砚右、文几、台鉴

晚辈：如晤、如面、如握、青览

女性：慧鉴、妆鉴、芳鉴、淑览

上面所举只是部分，看起来很多，我们今天只需要了解几种即可：

尊鉴，对所有长辈都可以使用。

台鉴，对所有平辈都可以使用。

惠鉴，可用于平辈，也可用于没有亲缘关系的晚辈。

另外，今天更多见的是"阁下"一词，可用在书信、邀请函、

对话中，既客气、正式，又通俗易懂、长幼皆宜。

阁下，即楼阁、台阁之下，意思是您的地位太高了，我只够资格站在您的台阁之下和您说话。

除了作为提称语，"阁下"还有"您"的意思。

如在高级餐厅里，服务员问：请问阁下还有什么需要吗？

在对话中，如：阁下刚才的观点，我不敢苟同！

知识拓展

　　足下：和"阁下"是同义词。这个词据说与春秋时期的名臣介子推有关。

　　介子推追随晋文公逃难十九年，劳苦功高。晋文公当上国君后，介子推看不惯大臣们的争权夺利，主动隐退，和自己的母亲躲进大山生活。晋文公为找到介子推，听信歪主意，竟然放火烧山，想以此逼出介子推，却把介子推和他母亲烧死了。

　　晋文公悔恨不已，用介子推死时抱着的那棵树，做成一双木屐，穿在脚下。每次看着木屐，便感叹："悲乎足下！"

　　"足下"一词即源自这里。其意并不是将朋友踩在脚底下，而是睹物思人，感怀往日，久而久之，就变成了对朋友的敬称。

见字如晤

见字（信）如晤／如晤／如面，和尊鉴、阁下等一样，都是提称语。

不同的是，这几个字散发着浓浓的典雅气息和亲切、温暖的味道，意思是：看到我的信，就如同我们在见面聊天。

这样的味道当然不会出现在对上级的感激或请示里，也不会出现在对前辈的恭敬请教中，连向长辈的日常请安里也较少出现。它更属于情侣间的问候，适合对晚辈的亲切关照。

想象一下，你收到一封信，开头即是：

展信佳，见字如晤。

——犹如一股芬芳扑面而来。明明是惯用的俗套语言，却不带有一丝生分、客气，真的就像一个老朋友坐在面前，对着你说一些温暖的家常话。

我们再看一个"如晤"用法的具体例子：

《与妻书》（节选）

意映卿卿如晤：

吾今以此书与汝永别矣！吾作此书时，尚是世中一人；汝看此书时，吾已成为阴间一鬼。吾作此书，泪珠和笔墨齐下，不能竟书而欲搁笔，又恐汝不察吾衷，谓吾忍舍汝而死，谓吾不知汝之不欲吾死也，故遂忍悲为汝言之。

——"意映"是妻子名字，"卿卿"是丈夫对妻子的爱称，"如晤"的用法，前面已经说过。

这是清末革命烈士林觉民写给妻子的一封绝笔信。作者投身革命，准备黄花岗起义，已决心以生死赴之，夜里想起家中妻子，便写下这封家书。起义失败后，林觉民被捕，从容就义。

知识拓展

有一档电视节目《见字如面》，由主持人、明星、演员等播读不同时期的私人家书，每一封信都是一次对已逝时光的探索，每一封信都是对一段情感和记忆的重温，深受观众们的喜爱。

暌违／久疏

不论是回人书信，还是主动给人写信，在进入正文之前，都有必要"寒暄"几句。比如先问候一下对方，表达一下自己的思念、牵挂。这也就是古人书信中的"思慕语"。

这是礼貌，也是人际交往中必要的润滑剂。

在指导人们说话、做事的著名蒙学读物《幼学琼林》中，有一句是这样说的："答人寄书，曰辱承华翰；谢人致问，曰多蒙寄声。"

——回复别人的书信时，要先说"辱承华翰"，承蒙您给我寄来辞章如此华美的信函。别人在信中问候了你，回信时需要表示感谢，可以说"多蒙寄声"，非常感谢您的殷切问候。

当然，这两个词过于古雅，现在很少有人再用。但其中的道理，我们不能丢掉，也不能图省事，直接忽略。

比如有人给父母写信，一开头就是："敬爱的爸爸妈妈，您儿子穷得快要去垃圾桶里捡馒头吃了！"然后——完了。这样的信，父母读到时，是会很伤心的。所以应该先跟父母拉拉家常，问候一下身体好不好，生活、工作是否愉快。

古人是怎么问候的呢？太复杂的我们可以不学，但有两个词，还经常在生活中使用，我们应该掌握并熟练运用：暌违、久疏。

暌违，意思是分离、不在一起。

久疏，意思是很久没有（做什么事）。

我们来举例了解一下：

暌违日久，甚是牵挂。（分别有段时间了，我很牵挂你。）

暌违数年，很是想念。（我们都有几年时间没在一起了，我很想你啊。）

久疏通问，时在念中。（很久没跟你联系了，时常牵挂着你。）

久疏问候，诸事顺否？（很久没问候你了，不知道你各方面是否顺利？）

久疏问候，盼一切安好！（很久没问候你了，希望你一切都很好。）

好久不见，甚是想念。

香港歌星陈奕迅有一首歌《好久不见》，旋律非常动听，歌词也很有味道——

我来到你的城市／走过你来时的路／想象着没我的日子／你是怎样地孤独……

你会不会忽然地出现／在街角的咖啡店／我会带着笑脸／挥手寒暄／和你坐着聊聊天

我多么想和你见一面／看看你最近改变／不再去说从前／只是寒暄／对你说一句／只是说一句／好久不见

祈复／盼复为感／敬候佳音

现代人，学习、工作、生活都很忙碌，有什么事情往往都是电话沟通。但也有些时候，没有对方的电话号码，或者事情比较复杂，电话里交代不清楚，这时候，就需要写信，通过文字来实现更准确、更完整的交流。

那么信中要说的话都说完了，你还希望得到对方的回复，甚至这件事情如果没有对方的回复就进行不下去，这时就需要明确地说出来：请你尽快答复我！

——这是现代人的白话表达，意思是表达明确了，只是话说得有点生硬。如果对方是个很敏感的人，见到这样的话，也许就会不高兴，反而拒绝给你答复了。

想要文雅和客气些，应该怎么说呢？

古人提供了一些选择：

盼复、祈复：祈盼得到您的回复。

盼复为感、盼复为荷：希望得到您的回复，我在这里提前向您表示感谢！

盼即赐复：希望您收到信后，尽快回复我。

翘首以待，盼复：我抬头等待，盼着天上大雁快点送来你的回信。

敬候佳音／敬候佳讯：我在这里恭敬地等候您的回信。

（望）早赐玉音：盼望您早日赐下美好的声音。

伫候明教：伫立等待，希望得到您的高明指教。

......

你更喜欢哪种方式呢?

再次提醒哦,我们学习古人典雅的做法,不是要亦步亦趋,泥古不化,而是要在熟练掌握的基础上,根据具体需要,恰到好处地使用。

比如"盼复为感"与"盼复为荷",我建议选用"盼复为感";如果再简洁一些,用"祈复"或者"盼复"两字即可。

再比如"早赐玉音",朋友之间使用,开开玩笑,显得亲热,倒是别有味道。而如果不管写信对象,胡乱套用,反而显得矫情。

知识拓展

迟复为歉:收到了别人的信,回复得有些晚了,想想对方可能已经等得有些着急了,这时就可以说"迟复为歉"——回复得晚了,我觉得很抱歉!

"迟复为歉"适合用在回信的开头。

敬颂 / 遥祝 / 颂祺

我们前面学习了古代书信的几个部分，称谓语、提称语、思慕语。现在，信写完了，在书信的末尾，我们需要向对方表达一下祝福，这就是"祝福语"。

很多年前有一首城市民谣，曾经唱遍祖国的大江南北、大街小巷。歌名就叫《一封家书》。歌的内容是，在外地工作的"我"，给父母写了一封信，说了些"爸爸妈妈不要太牵挂""我很想家""多保重身体"之类的日常流水话。但是用音乐的形式唱出来，就显得很有亲和力，很能打动人。

歌的最后一句就是："此致，敬礼！"

——这就是祝福语，最简洁也是最常见的一类祝福语。意思是：信就写到这里，我给您敬个礼，以示祝福。

很多人就是从这首歌中学习到，原来信写完了，应该这样子结尾。

"此致，敬礼"这句话，来自古代，又有新时代的气息。古人书信中，末尾祝福语用得最多的词，是颂、祺、安。主要有以下几种组合：

敬颂、顺颂、遥颂："颂"是祝福，比"祝"恭敬；这三个词意思略有区别，"敬颂"多用于给长辈写信；"顺颂"少了几分客套，用于平辈；"遥颂"更显随意，也用于平辈。如果是给晚辈写信，可用顺祝、遥祝。

祝福的内容是什么呢？如春夏秋冬，后面加"安"或"祺"

字，如"春祺"，春日吉祥；"冬安"，冬日安好；还有"岁安""金安""大安""近安"，等等。

祝福读书的、经商的怎么说呢？可以是"商祺"，生意兴隆；"学祺"，学业如意；"著祺"，著作顺利。一般不用"商安""学安""著安"。

还有一个词：颂祺/颂安，是把"敬颂祺安"简化了，在生活中用得比较多。

最后，我们看一个完整的例子：

此致，顺颂春安！

知识拓展

踩死败类

18世纪的法国启蒙思想家、作家伏尔泰，是一个个性鲜明而有趣的人。他经常通过写信来传播自己的思想。有一段时间，他给朋友的每一封信，都以"踩死败类"来结尾。这样的"祝福语"真是别致！

后学／敬上

终于到了一封信的结尾，现在就差署上写信人的名字了。这里，也有一些小小的讲究。

比如今天，有一个叫曾国藩的人。

给上级、领导写信，则署"曾国藩"，姓和名都要完整。

给父母写信，则会署"儿国藩"，或者"藩儿"，或者只有家里人才知道的小名。一般不会把姓和名都署上。

给长辈写信，如老师，可以署"学生曾国藩"。

平辈之间，感情深厚的，可以署"弟国藩"；调皮一些的，署"藩公子"，也无不可；甚至画一个小动物作为身份标志，也可以。

如果在古代，署名会有什么不同呢？我们来看一个案例。

下面是清朝名臣曾国藩在北京做翰林时，写给父母的一封家书。

男国藩跪禀

父母亲大人万福金安。十月廿二，奉到手谕，敬悉一切。郑小珊处，小隙已解。男人前于过失，每自忽略，自十月以来，念念改过，虽小必惩，其详具载示弟书中。

耳鸣近日略好，然微劳即鸣。每日除应酬外，不能不略自用功，虽欲节劳，实难再节。手谕示以节劳，节欲，节饮食，谨当时时省记。

萧辛五先生处寄信，不识靠得住否？龙翰臣父子，已于十一月初一日到；布疋线索，俱已照单收到，惟茶叶尚在黄恕皆处。恕皆有信与男，本月可到也。男妇及孙男女等皆平安，余详于弟书，谨禀。

"男国藩跪禀"，署名置在抬头前，以示孝敬，今天的书信不再沿用这种格式；"父母亲大人"，即称谓语；有些书信，在"父母亲大人"后面会有"膝下"二字，即提称语；"万福金安"是祝福语；"奉到手谕，敬悉一切"，类似于思慕语；最后结尾的"谨禀"二字，就是古人书信署名与今天不同的地方，也是古代更注重礼节的地方。

与"谨禀"类似，还有"顿首""叩禀""敬上""敬拜""手书""字"等字词，其中"手书""字"多用于给后辈写信。

今天我们写一封书信，写完后，署上名，写上年月日，就结束了。这也不算错，但如果是给长辈写信，为示尊敬，建议在署名后面加"敬上"或者"上"。小小举动，会大大增加你的印象分，让人感受到你的真诚，而且会认识到你是一个有知识、懂礼节的年轻人。

我们在前面提到一处署名"学生曾国藩"。这里"学生"二字，不只是对自己的老师可以这么说，对一切有学问的长辈，都可以自称学生或者晚辈，是自谦之词。更文雅一些，则称"后学""末学后进"。

后学，是后进的读书人。——一个不如您学问大、不如您先进的学生。

末学后进，是学识浅薄的晚辈。

现在，来试着给某位作家写一封信吧，末尾署名就用"后学××敬上"。

知识拓展

呈：用于下级向上级、晚辈向长辈送交物件，表示尊敬、客气。如"敬呈"，意思同"敬上"，用于向长辈写信；"呈正"，把自己的作品送交别人批评、指正，意思同"敬呈雅正"；"呈请"，用于公文中，是向上级请示。

垂：与"呈"相对，是上级向下级、长辈向晚辈表示关注，下级或晚辈回应时使用的客套语。如"垂询"，指对方向你咨询事务；"垂问"，对方向你询问；"垂爱"，对方对你的爱护、关心。

承蒙厚爱 / 不胜感激

　　人类是群居动物，再独立自强的人也有需要别人帮助的时候。受人好意，当知感恩，那么，古人怎么表示感谢呢？

　　承蒙厚爱，不胜感激！

　　承蒙，是敬辞，表示心怀感激地接受。

　　厚爱，深切地喜欢、爱护。

　　在得到别人的关照、接到对方的礼物等时，都可以说"承蒙"。比如：承蒙抬爱 / 关照、承蒙不弃、承蒙赐函 / 告知、承蒙赐教 / 指点、承蒙馈赠、承蒙推荐……

　　不胜感激，对人或事感激不尽，想要报答恩情。——你对我太好了，我心里觉得怎么感激你都不够！

　　关于感激一事，最为人所熟悉的，该是古代小说中的这一幕：

　　英雄救美之后，美女缓缓走上前来，拎着裙角，躬身，深施一礼，然后说："公子的大恩大德，小女子无以为报，愿以蒲柳之姿，常侍公子左右……"

　　——无以为报，唯有以身相许呀！这是古典戏曲中的老套路。

　　而男人的感激往往是这样的：

一饭千金

　　韩信是西汉开国名将，被后世尊为军神。韩信年轻时吊儿郎当，不好好工作，家里又穷，结果经常吃不上饭。

　　一天，韩信在河边钓鱼，饿得前心贴后背了，还不挪窝。有一个在河边洗衣服的老妇人，可怜他，便给了他一些吃的。老妇人在河边洗了数十天衣服，韩信就蹭了数十天饭。

　　后来韩信做了将军，被封为楚王，他特地找到老妇人，酬以千金，感谢她当年的赐饭之恩。

　　感激之至：同"不胜感激"。

　　感激涕零：感动或者激动得掉下眼泪。

　　铭感五内：（你的恩情）我已深深地刻记在心。五内即五脏，成语"五内俱焚"是同样的用法。

　　没齿难忘：（恩情）一辈子都忘不了——老到牙齿掉光了，恩情也不能忘记。

谬赞 / 过奖 / 错爱 / 愧不敢当

有些人生活压力大，容易自我评价偏低，于是有一种微信群"夸夸群"便应运而生。夸夸群的宗旨可以用一句话来形容，那就是"求求你表扬我 / 夸夸我"。夸得越夸张越好，可以惊天地、泣鬼神，可以地动山摇、海枯石烂。

夸夸群毕竟是特殊情境下的发泄，正常情况下，别人夸了你，我们要说"谢谢"，谦逊一些，得说"惭愧""受之有愧"——我哪有您说的那么好！

做了好事，学习、工作、生活上做出了成绩，受到表扬是应该的。怎么回复别人的表扬，我们来看看古人已经帮我们创造好的词语。

谬赞，原意是错误的赞美，但多用于自谦，着重点是认为自己担不起这样的赞美，而不是指责别人赞美得不对。

过奖、过誉，同"谬赞"，意思是赞美得过火了。

错爱、抬爱、抬举，也是用于感谢他人的赞美。

愧不敢当、不敢当，同"受之有愧"。

无论怎么回复，都要先说声"谢谢"。通常组合是：

谢谢，您谬赞 / 过奖 / 过誉了！

谢您错爱 / 抬爱 / 抬举，或者您太抬举我了！

"愧不敢当"可以加在每句的后面。

现代人鼓励张扬，古人习惯谦逊。你怎么看呢？

适当的表扬 / 赞美是对人努力工作和学习的奖励，也是动力。面对表扬 / 赞美时，学古人那样谦逊一下，也是应有的礼貌吧。

知识拓展

见笑：让人笑话了。用于自谦，用法跟"谬奖"等词类似。

贻笑大方：大方，即大方之家 / 方家，指非常有学问或者精通某种技艺的人，也就是"高手""行家""专家"。贻笑大方，意思是让水平高的人笑话了。

微薄之力 / 不足挂齿

对于别人给予的善意和帮助，我们要诚心诚意地表示感谢。但反过来，当你给了对方很大的帮助，对方跟你说："不胜感激！"你应该怎么回答？

现代语境里，这个场面应该是——

甲：太感谢您了！要不是您帮忙，我今儿就得困在这儿喝西北风了！

乙：不客气，小事一桩！

英文里常用的则是：You are welcome!

现代人之间似乎都不愿意客套，说话都比较直白，相比古人，难免欠些文雅、蕴藉。古人回复他人的感谢，往往会说：

举手之劳，不足挂齿！微薄之力，不足挂齿！

举手之劳，我就搭把手的事儿！表示事情很小，对施恩者来说并不费力气，所以你不用这么感激我。

微薄之力，"微"和"薄"形容微小、单薄，不值一提。

"举手之劳"和"微薄之力"都是自谦的说法，至于实际的付出，则是可大可小。

比如：2020 年春季新冠肺炎疫情暴发的时候，全国人民都很关心被困在武汉的同胞，人人都愿意略尽微薄之力，来支持武汉人民渡过难关。

也可以用作表决心：只要你召唤，我必尽微薄之力来助你！

感激别人的大恩大德时，我们会说"没齿难忘"。现在，你是施惠方，对方向你表示感激，你回复时，用的词还是跟牙齿有关，可以说"不足挂齿"。

何足置之齿牙间

汉高祖刘邦做了皇帝后，将一帮打天下的兄弟都封了大官，但大家都不懂朝廷礼仪，每次上朝开会，个个拍桌子耍大刀抠脚丫，弄得刘邦很烦。这时叔孙通出现了，他帮刘邦制定了一套规章制度，让所有人严格执行，这才总算是皇帝有了皇帝样、大臣有了大臣样。

同样是这个叔孙通，秦朝末年时在秦二世手下做官。陈胜、吴广起义的时候，秦二世召集大家开会，商讨对策。

有人说："这些人是叛乱，罪无可赦，我们得赶紧发兵去打！"

秦二世听了，满脸不高兴。

叔孙通是察言观色的高手，他立刻站出来说："不对，这些人不过就是一群偷鸡摸狗之辈而已，哪里值得我们花时间来讨论，让当地捕盗的治安官员把他们抓起来就是了！"

秦二世觉得叔孙通说得很对，大加赏赐，并把那些提议发兵的人关押了起来。结果，叔孙通一散会，就收拾包裹逃跑了。

叔孙通的原话是："此特群盗鼠窃狗盗耳，何足置之齿牙间。"人们从中归纳出"不足挂齿"这个成语，意思是事情太小了，不值得一提。

"齿"和"牙"，古时是有区别的，前牙是"齿"，后面的大槽牙才称作"牙"。所以有成语"唇亡齿寒"，嘴唇没了，前面的齿就会感到寒冷。

牙齿是肉眼可见、天天要用的工具，所以古人爱用牙齿来打比方。最著名的是老子说"舌柔齿硬"，牙齿都掉光了，但舌头却还好好的。

不足挂齿，跟今天人们说的"不要老挂在嘴边"，意思是一样的。

知识拓展

些微／微末：都是形容事情、东西很小。如：些微小事，不足挂齿；我也就是略尽微末之力而已！

绵薄之力／略尽绵力：同"微薄之力"。

施恩无念 / 受恩莫忘

古人怎么报恩，是个很有趣的话题。"士为知己者死"这种模式常见于史书。

豫让报恩

豫让是春秋时代四大刺客之一。他是晋国人，先后给范氏、中行氏做家臣，都不受礼遇。直到遇到智氏，智氏家主智瑶待他很好，理解他、赏识他。

在晋国六大世家的权力斗争中，智瑶被赵襄子所杀，智氏土地被瓜分，豫让逃到山上，决心为智氏报仇。

豫让多次刺杀赵襄子，他曾伏在桥下，躲在厕所里，甚至吞炭以改变自己的声音，全身涂漆来装成生癞的人，但都被识破，最后自刎而死。

这就是豫让"士为知己者死"的故事。

结草衔环

春秋时，晋将魏颗与秦将杜回在战场上厮杀，正在难分难解之际，一个老人突然出现，用草编的绳子套住杜回，使他摔倒被擒，魏颗因此打了胜仗。

原来，魏颗的父亲魏武子生病时，嘱咐魏颗："等我死了，你就让我的爱妾祖姬改嫁。"后来魏武子病重，又说："我死之后，让祖姬为我殉葬。"魏武子死后，魏颗让祖姬改嫁，理由是人病重时神志不清，说的话不能作数。夜里，魏颗梦见老人，老人说："我是祖姬的父亲，我感激您，所以结草以报！"

"衔环"的故事则跟东汉名臣杨震有关。杨震的父亲杨宝，曾救了一只黄雀。黄雀是西王母的使者所化，托梦给杨宝留下四枚白环，说可以保佑子孙位列三公，清廉正直，像白环一样。

后来杨震等四人果然位列三公，皆具美德。

后人用"结草衔环"这个成语来代指报恩。

一方面，古人强调"受恩莫忘""滴水之恩，当涌泉相报"；另一方面，古人又特别强调"施恩无念"，即帮助了别人、对别人有什么恩惠，一定不要记挂着，嘴上也不能念叨。

施恩不能图报，这也是古人总结出的至理名言，我们要用心体会。

知识拓展

恩重如山：恩情像山一样深重。

恩同再造："再造"是"再生"的意思，大恩有如使人重生。最适合有救命之恩的情况时使用。

还有一个词"大恩不言谢"，不言，并不是可以不说谢谢，而是说感激之情，无以言表，用语言表达不出来。——大恩记在心里，不是挂在口头。

甘霖 / 故知 / 泽被

喜怒哀乐，是人的不同情绪；悲欢离合，是人的不同境遇。古人从人的境遇和情绪中，总结出"四大喜"，即人生最开心、欢喜的四件事情。

"久旱逢甘雨，他乡遇故知，洞房花烛夜，金榜题名时。"

大旱，地里庄稼、牲畜都要活不了了，这时天降大雨，滋润大地，真是雨知人心，来得及时啊。

人在他乡，无依无靠，也没人说说体己话，突然遇到一位老朋友，实在是惊喜又惊喜。

洞房花烛夜，是指新婚；金榜题名时，是指科举成功。自然都是最美好不过了。

甘雨，也作甘露、甘霖。甘，是说连雨水都是甜的。这除了因为人逢喜事精神爽，更是因为"久旱"之后下的雨，是"及时雨"，是"雪中送炭"，是最需要救急的时候，有人伸出了援助之手。

"露"是露水，"霖"是下了很久的雨，所以甘露、甘霖或者雨露，常用来比喻他人的帮助、恩泽。如：老师的一席话点醒了我，有如甘霖，慰藉了我迷茫、躁动的心。

故知，是老友、旧交。有趣的是古人把朋友也比作雨水，也许是因为朋友也像雨水滋润庄稼一样，给予我们安慰和帮助吧。如成语"今雨新知"，指新结交的朋友。也有人用"故雨新知"来同时指老朋友和新朋友。

人势利，雨不势利

诗人杜甫有一篇《秋述》："秋，杜子卧病长安旅次，多雨生鱼，青苔及榻，常时车马之客，旧，雨来，今，雨不来……"

诗人困居旅馆，卧病在床，接连都是下雨天，一个前来探望的人也没有。诗人说：在以前，就算下雨，朋友们也会来看我；现在呢，一下雨就没个人影了。这还不是因为我现在混得不如意啊！就在这时，有个叫"魏子"的人冒雨来看我，并不在意我是不是做上了官，这真是个好人啊，我必须写下点文字，送给魏子。

——这就是《秋述》一文的内容和写作背景。后人以"今雨／今雨新知"来比喻新朋友。

有人把前面的"四大喜"诗，也归在杜甫的名下。如旧

雪中炭，锦上花，雪上霜，火上油。

这是一组很有趣的词语，结构相同（偏正式名词），首尾名词相互对应，各加一个动词，便成为成语：锦上添花，雪中送炭，雪上加霜，火上浇油。这四个成语，代表的是世间四种处事方法，"雪中送炭"最可贵，"锦上添花"也难得，"雪上加霜"人心冷，"火上浇油"最可恨。

时人们结婚，常用的一副对联是：诗歌杜甫其三句，乐奏周南第一章。意思是：诗文唱的是杜甫《四喜》诗中的第三句（"洞房花烛夜"），乐曲演奏的是《诗经·周南》里的第一篇（《关雎》，描述男女爱情）。两联说的是同一件事：有情人终成眷属。

"泽被"一词也是从雨水/雨露中来。古人以雨水引申为恩泽，如成语"雨露均沾""遍施雨露"，意思都是让雨露（好处、恩惠）滋润到很多对象。这一施恩的过程，就是"泽被"，让恩泽施及某人或某事物。"被"通"披"，音pī，到达的意思。"泽被"也作"泽及"。

成语"泽被后世"，形容某人的功绩让后世人民都得到了好处。如：印刷术的发明和普及，让平民子女也有机会接触到书籍，从而通过读书改变人生，此举真是泽被后世，功莫大焉！

阳春有脚。

《幼学琼林》中说，"恩可遍施，乃曰阳春有脚"。唐朝宰相宋璟，为政清廉，爱护百姓。人们称赞他像长了脚的春天，他到哪里，就会给哪里带去温暖。春天长着双脚，这真是非常神奇的想象。后来用"有脚阳春"来称赞好官。

山高水长

　　山和水，是大自然地理中最重要的两项，在中国文化中也具有极其重要的地位。围绕山和水，有很多的比喻、引申、演义。

　　比如五岳，就是五座大山，但这可不是随便指定的五座大山，也不完全是按照海拔高度、景色风光等硬性指标而评比出来的。五岳代表的是国家的版图，是文化的兴盛之地。历史上，随着国家版图的变化，五岳所指的五座大山也是不一样的。

　　比如五湖四海、江湖等与水有关的词。多数情况下，五湖四海泛指全国各地；江湖，则常指不受礼法约束的社会空间，与朝廷、庙堂相对。

　　从字面上来看，山高水长，意思是像山一样崇高挺拔，和水一样源远流长。引申为像山和水一样永远存在，影响深远。这句话常常用来赞美一个人的德行、风范、声誉，比如那些

知识拓展

　　山南水北：地理上，山的南面、水的北面，称为阳；山北水南，则为阴。我国很多城市的取名都与此有关。如汉阳、南阳、江阴、淮阴。

庇护一方或天下众生、善政足以惠及后世的官员，或者那种开一代风气、令人们精神面貌焕然一新的人文领袖，是极高的评价。

先生之风，山高水长

汉朝有个很有名的人叫严光，字子陵。严光跟汉光武帝刘秀是同学，感情很好，后来刘秀做了皇帝，知道严光很有才干，便派人去找他，想请他出来做大官。但是严光不但没有主动攀附这位皇帝同学，反而躲了起来，隐居在富春江畔（今浙江省内），每日垂钓，不问世事。刘秀派来的人找过来，他也三番五次地拒绝出来做官。

后来刘秀一再促请，终于把严光请到皇宫里。晚上谈起往事，越聊越兴奋，到半夜困得不行了，刘秀请严光和他睡在一起。严光睡熟了，把脚压在刘秀的肚子上，刘秀也不在意。

第二天，观察天象的官员紧张万分地来报告说，昨天夜里有客星冲犯帝座，请皇帝降旨务必严查。刘秀哈哈大笑，说："不用紧张，我的老朋友严子陵与我睡在一起罢了。"

即使得到了刘秀的如此信重，严光还是拒绝出来做官。他辞别皇帝，仍旧回去隐居。严光这种不图名利、不慕富贵的品格，一直受到后世的高度颂扬。

宋代著名文学家范仲淹，写文章极力称赞严光，其中一句就是："云山苍苍，江水泱泱，先生之风，山高水长！"

——云雾缭绕的高山，郁郁苍苍，大江的水，浩浩荡荡，先生的品德啊，比高山还高，比长江还长。

知识拓展

　　高山流水：字面上跟"山高水长"很接近，但意思大不一样。"高山流水"的典故出自古代俞伯牙和钟子期的故事。俞伯牙弹琴赞美高山，钟子期就感叹说"雄伟而庄重的大山啊"；俞伯牙赞美波涛，钟子期就感叹说"浩浩荡荡的大江啊"。钟子期如此知音，俞伯牙很感动；钟子期死后，俞伯牙终生不再弹琴。所以"高山流水"一词，常用来形容人间难得的友情。

如沐春风

如果要你来形容跟某个人相处，特别舒适、满意，而且收获多多，你会怎么说呢？

宋朝有人就用了一个词，"如坐春风"。说的是学者程颢的弟子朱光庭，听老师讲课，如痴如醉。一个月后回来，旁人问他跟着老师学习的感受如何，朱光庭回答："我就像是在春风中坐了一个月呀！"这便是成语"如坐春风"的出处。后来演变为"如沐春风"，像沐浴在春风中一样，这比喻更生动了。

世上确实有一些人，相处起来就是让人愉快，身心如沐春风。当你遇到了这样的人，一定要好好珍惜和心怀感激。

有时因为某个场景，或者身处某种情绪中，也会有一种极度愉快、喜悦、舒爽的感觉，这时也可以用"如沐春风"来形容。

亦道春风为我来。

不光人类喜爱春风，草木也爱春风，唐代诗人白居易的诗中说："春风先发苑中梅，樱杏桃梨次第开。荠花榆荚深村里，亦道春风为我来。"春天来了，在春风的呼唤下，宫苑里的梅花，城里的樱花、杏花、桃花、梨花全开了，即使是深山僻村里的荠花、榆荚，也不甘落后，欢呼着春风的到来。

孔子和弟子的理想

春风是人之所爱，三月春风惹人醉。

《论语》中，孔子和弟子们谈各自理想，其中曾子的父亲曾皙说了一段话："暮春者，春服既成，冠者五六人，童子六七人，浴乎沂，风乎舞雩，咏而归。"

意思是：我的理想是，暮春三月，忙完工作，约着五六个成年人，六七个少年，到沂水里游泳，在舞雩台上吹风，唱着歌回家。

这个场景太动人了，春风、江水、游泳、唱歌，听得孔子一个劲地点头。

也许正是因为春风的受欢迎，所以有了成语"春风化雨"，春风吹拂还不够，还要变化为春雨，润及万物。

知识拓展

余音绕梁，三日不绝：这句话出自《列子》一书，跟"如沐春风"有异曲同工之妙。战国时期，有个女子韩娥，在齐国都城门边卖唱，歌声妙不可言。齐国人听完后，接连三天，还觉得那歌声犹在自家梁上环绕不散。

三月不知肉味：孔子听了韶乐，也觉得妙极，以至于三个月里，吃肉都吃不出来滋味。

翘楚 / 俊彦 / 池中物

不得不承认，夸人是个技术活。话要说到点子上，夸要夸到心坎里，确实不易。所谓夸到心坎里，就是对方在哪个方面最突出、成就最高，我们就夸他哪个方面；对方最引以为豪、最在乎哪个方面，我们就夸他哪个方面。

比如《水浒传》中的武大郎，五短身材，要是夸他"英俊潇洒、玉树临风"，他会觉得你在骂他、讽刺他；夸他年轻有为、一人撑起一个家，他也能勉强接受；但你要是夸他品德好、忠厚善良、深受邻里爱戴，他心里肯定会乐滋滋。也就是说，夸人要根据对方的特点来，对其优势之处略有夸张，才最容易被人接受。

那如果并不了解对方的优点，怎么夸呢？古人也有一些通用的夸人的词语。

翘楚："楚"是荆木，一种灌木；翘，高出。"翘楚"的字面意思是高出杂树丛的荆树，既然比其他树木都要高，那自然就是杰出、优秀之材了。也用来比喻杰出的人才或事物。

用"翘楚"夸人，可以说：你是我们的学霸，一校之翘楚，跟你一块儿学习，相信我的成绩也能很快提高。

俊彦：俊，出众、顶尖；彦，有才学、才德出众。合起来自然就是才智出众、超越群伦的人物了。类似的词有才俊、英才、杰俊等。

夸人为"俊彦"，我们可以说：公子乃是青年俊彦，日后必将名扬天下！我很看好你哦！

人中龙凤：龙和凤都是了不起的传说之物，人类中的龙凤，极品中的极品，杰出中的杰出，自然是非同凡响之人。

论天下谁是英雄

说起"三国"，曹操、刘备、孙权、诸葛亮、周瑜等人物，都是一时翘楚、人中龙凤，他们的很多故事，人们都耳熟能详。

《三国演义》中，有一段曹操和刘备煮酒论英雄的故事。

东汉末年，曹操已羽翼渐丰，刘备"委身于曹"。有一回曹操和刘备坐在一块儿，喝着小酒，评点当代人物。

刘备问：袁术兵强粮足，算得上英雄吗？

曹操很不屑：袁术很快就是死人了，我早晚会把他抓过来！

刘备又问：袁绍出身高贵，家族势力大，手下人才多，可称英雄吗？

曹操还是看不上：这人胆气不足，小心思多，干不了大事，算不得英雄。

接下来刘备又问起刘表、孙策等人物，曹操都一笑而过：何足挂齿！

刘备实在想不出还有谁了，曹操这才揭示答案：今天下英雄，唯使君与操耳！——只有你和我才称得上是英雄！一句话吓得刘备筷子都没拿稳，掉到了地上。

好口才

蛟龙岂是池中物。

《三国志》中，刘备没有地盘安身，写信跟孙权说，希望能把荆州城借来住住。孙权很痛快地答应了。周瑜知道后，提醒孙权：刘备得到荆州，"恐蛟龙得云雨，终非池中之物也"。

蛟龙一旦得了机会，就能上天入地，不是一个小小池塘能够养得下的！

池中物，养在池塘里的小鱼小虾，比喻没有远大抱负的人。说某某不是池中之物，意思是此人有抱负、有能力，一定会想办法成就一番事业。

后人据此演义出诗句"金鳞岂是池中物，一遇风云便化龙"。

女中豪杰／巾帼英雄：指杰出的女性。

出类拔萃：孟子赞扬孔子的话，"出于其类，拔乎其萃"，意思是超出同类，是人类中的佼佼者。跟"翘楚"类似。

魁首／状元／独占鳌头

今天，一个人学习很好，我们称之为"学霸"；一个人在比赛中拿了第一，我们称之为"冠军"；一个人在某个行业有很高的地位，我们称之为"行业领袖"。

学霸、冠军、领袖，都是指某个方面取得顶尖成绩或地位的人。这里我们要学习的这几个词，与此类似。

魁首，指首领、居首位者、第一人。

文章魁首

元代文学家王实甫的名著《西厢记》中，崔家母女被盗贼围困，崔母许诺谁能救下崔家，就把女儿崔莺莺许配给谁。但是当张生救下崔家后，崔母反悔，莺莺的丫鬟红娘便劝说崔母：

"秀才是文章魁首，姐姐是仕女班头。"

好口才 普天下郎君领袖，盖世界浪子班头。

出自元代作家关汉卿："我是个普天下郎君领袖，盖世界浪子班头。愿朱颜不改常依旧，花中消遣，酒内忘忧。分茶攧竹，打马藏阄；通五音六律滑熟，甚闲愁到我心头？"

这里的"领袖""班头"，都是指第一人。

文章魁首，是说张生文学才华第一；仕女班头，是说莺莺是美女第一。班头，类似"魁首"，领袖、第一的意思，也指衙役头目。

我们知道，在古代科举考试中，殿试得中第一名者，称为"状元"。成为状元是极为荣耀和显赫的事情，久而久之，"状元"一词的使用范围扩大，各行各业都把行业中最具实力的人称为状元。所以有句俗语，"三百六十行，行行出状元"，形容一个人只要踏实肯干，在任何行业任何岗位上都能做出让人刮目相看的成绩来。

"鳌头"一词跟"状元"相关。鳌头，鳌音áo，本义指皇宫大殿石级上雕刻的大鳌的头；鳌头只有考中状元的人才可以踏上，于是说人"独占鳌头"，就是指此人中了状元，或者居于榜首。

"独占鳌头"多用于祝福，比如送朋友去参加考试，可以说："祝君此去，独占鳌头。"

与魁首、状元、鳌头意思相近的，还有"领袖"一词。领袖，本指衣服上的领子和袖子，现多用来指一个组织中的最高领导人、第一人。

论写诗也应做皇帝

隋炀帝杨广，是中国历史上知名度最高的皇帝之一。在隋朝文坛，杨广的诗是写得很好的，杨广对此也非常自负。他曾经对人说：别以为我能当上皇帝，是靠老爸，就算按写诗水平来论，皇帝也应该是我来做。

史书中说他："以天子之尊，却附庸风雅，以文学领袖自居。"

知识拓展

宋玉之才、潘安之貌：赞美一个人才貌俱佳。

长袖善舞：赞美一个人情商很高，各方面的关系都处理得很好。

陶朱公之能：赞美一个人财商很高。陶朱公即范蠡，是经商奇才。

早慧 / 大器晚成

早慧，一般用来形容"神童""天才"一类的人，意思是小时候就很聪明、有灵气，表现出众。

比如：他是个早慧天才，十岁时画的画作，专业画家看了都大吃一惊，赞赏不已。

"神童"甘罗

战国后期，秦国有个叫甘罗的小孩，非常聪明。有一回，丞相吕不韦要派张唐到燕国去，张唐不愿意。

甘罗找到张唐说："您和白起相比，谁的功劳大？"

张唐答："白起。"

又问："白起时执掌秦政的范雎，和今天的吕不韦相比，谁的权势更大？"

张唐答："吕不韦。"

甘罗说："当年范雎想攻打赵国，白起阻拦他，结果范雎把白起抓起来绞死了。现在吕不韦亲自请您前往燕国，而您执意不肯，我不知您将身死何地啊！"

张唐吓得赶紧答应。

甘罗十二岁即官拜上卿（相当于丞相）。

夸小孩聪明，可以用"早慧"，那如果一个人年龄老大了，还没有什么突出表现，怎么办？

我们也可以夸他"大器晚成"。大器，就是很重要、很珍贵的器具，比喻能担负重任的人。

大器晚成，是说越是重要的人物，越成就较晚。"大器晚成"是"出名要趁早"的对立面，有时也用作对老大不得志的人的安慰。

语出《老子》："大方无隅，大器晚成，大音希声，大象无形。"最方正的东西没有棱角，最大的器具最后完成，最大的音乐没有声响，最大的形象没有形象。

小时了了，大未必佳

孔融让梨的故事，幼儿园的小朋友都知道。还是这个孔融，十岁的时候，随父亲去拜访名士李膺。进门的时候，门卫问客人身份，孔融回答："我跟你家主人是亲戚。"

见到了李膺后，李膺问："我跟你是什么亲戚？"

孔融回答："我祖上孔子，跟您祖上老子（老子姓李）有师生之谊，所以我和您是世代通好。"

众人听了，对这个小孩子大为惊奇。不久官员陈韪来了，听说了这事，陈韪说："小时了了，大未必佳。"——了了，聪慧的意思。即小的时候很聪明，长大了未必就很有才华，或者就有出息。

孔融立刻答道："您小时候，一定就是这样！"

陈韪大窘。

三岁看老：俗语，意思是通过一个小孩三岁时的表现，可以看出来他长大后会是怎样一个人。这话未必可信，每个人在成长过程中，都会有很大的变数，即使起点不好，也有多次脱胎换骨、破茧成蝶的机会。

语文加油站

秀才最厉害

　　湘军名将左宗棠一生只中过举人，这是他的心结，所以经常发牢骚说："论才干，进士比翰林强，举人又比进士强！"

　　湘军名将刘蓉一生只是个秀才，也说："举人何足道，卓绝唯秀才！"（举人不算什么，最厉害的还是秀才。）

吉言／托福／仰赖

生活中还有一种情况：别人说了很多祝福的话之后，你听了，该怎么回答？最简单的就是"谢谢"。

如果对方祝福的是共同的节日，你也可以说"同乐""同贺""同喜"。意思是独乐乐不如众乐乐，共同的节日，你祝福我，我也祝福你。

但是，别人祝你比赛得冠军，祝你考试得第一名，祝你本命年诸事顺利……这都是很私人的事情，没法"同贺"，怎么办？这就可以用到下面这几个词：

吉言，吉利的话、好话。

比如：谢您吉言！——感谢您这么吉利的话，我一定能像您祝福的那样……

同样意思的还有借你吉言／承你吉言。

托福，这里可不是指"托福考试"，而是借别人的福气，使自己幸运。

常见的用法如：托您的福，一切都很顺利。

仰赖，意思是依靠。也作"端赖"。多用于感谢。

如：仰赖您的成全，这回全国武林大会，我拿了三项冠军。

或者：仰赖老天护佑，这么危险的悬崖峭壁，我竟然有惊无险地爬过来了。

伸手不打笑脸人：当人对你笑脸相迎，或者赔着笑脸认错，你就不忍心或不好意思再去责备人家。

语文加油站

小三元、大三元

童生参加县试、府试、院试，第一名称案首。连续三次考试都得了第一名，称为小三元。

大三元是指在科举的真正赛场上连续考中第一名，乡试第一名称解元，会试第一名称会元，殿试第一名称状元。连中三元，这是科举场上的最高荣誉。

有没有人既得小三元，又中大三元呢？还真有！明朝洪武年间的黄观、清朝乾隆年间的钱棨，历史上只有这两个人，连中六元。

掠美 / 玉成

现代有个词叫"啃老"，意思是成年人自己能力不够或者努力不够，只能靠父母等长辈的支持来生活或获得好处。

这是躺在别人的功劳上装潇洒，是可耻的行为，也是"掠美"的一种。

掠美，即掠夺别人的功劳、美名、成就，据为己有。这是一种坏行为，如果触犯了法律，则要受到严厉的惩罚。

己恶而掠美为昏

春秋时，邢侯和雍子两家因为一块田产，诉讼多年而没有结果。这一年，叔鱼上任大法官，重新审理此案。

一开始，叔鱼经过调查，认为田产应该属于邢侯。雍子听说后，赶紧把自己的女儿嫁给叔鱼，让叔鱼帮他打赢官司。叔鱼接受了，判邢侯输了官司。

邢侯非常愤怒，认为叔鱼和雍子勾结起来欺负他，于是找了个机会，当场杀死了两人。

新的问题来了，从田产案变成了杀人案，这事该怎么办？大夫叔向说："这三个人都有罪。己恶而掠美为昏，雍子以行贿来掩盖自己的理亏，这是昏罪；贪以败官为墨，叔鱼贪图贿赂而践踏公正，这是墨罪；邢侯擅自杀人，这是贼罪。根据法典，三罪都要处以死刑。"

于是，邢侯被处决，雍子和叔鱼的尸体被拉出去示众。

在后世，"掠美"一词多用作自谦。比如：我们发明的欢乐机器人在国际比赛上拿了金奖，这真是莫大的荣誉。我作为代表上台领奖并发了言，但这是整个团队共同的功劳，我个人绝不敢掠美。

君子不掠人之美，不夺人之所爱，相反地，我们还要成人之美。

成人之美，便是"玉成"，即成全、促成。但只能作为敬语使用，比如感谢或者请求他人帮自己促成某事，可以说"玉成"；如果是自己帮助别人，则不能用"玉成"一词。

赞襄其事，谓之玉成

古人对"玉成"的定义是：赞襄其事，谓之玉成。

比如《水浒传》中，鲁智深失手打死了恶霸郑屠户后，准备躲进寺庙。于是这天，赵员外让人挑了一堆礼物，带着鲁智深来到寺庙，向方丈请求成全，收下鲁智深——

赵员外起身道："一事启堂头大和尚：赵某旧有一条愿心，许剃一僧在上刹，度牒词簿都已有了，到今不曾剃得。今有这个表弟姓鲁，是关西军汉出身，因见尘世艰辛，情愿弃俗出家。万望长老收录，慈悲慈悲，看赵某薄面，披剃为僧。一应所用，弟子自当准备，烦望长老玉成，幸甚！"

贪天之功：把"掠美"的主意打到老天头上，这就是贪天之功。春秋时期，介子推等人辅助晋文公上台，功劳很大。但是当其他人都开始争功的时候，介子推认为，最大的功劳是天时如此，因此他指责争功的那些人，是在贪天之功，并说："窃人之财，犹谓之盗，况贪天之功以为己力乎。"

—— 语文加油站 ——

王安石诗"总把新桃换旧符"，桃和符，是把传说中的两位门神"神荼"和"郁垒"，画像或者名字写在两块桃木板上，分别悬挂门的左右。这其实就是对联，但一直到明太祖朱元璋创设春联，同时开始用红纸代替桃木板，才形成我们今天所见的春联的形式。

息怒 / 海涵

息怒，即止怒，消消怒气。

当别人生气时，我们上前劝解，就可以说："息怒、息怒，别跟那坏小子一般见识！"或者说："您息怒，请先听我解释。"

我们看抗日题材电视剧，经常会有二鬼子翻译，在日军头领面前点头哈腰，一个劲地喊着"太君息怒"的镜头。

好汉息怒

《水浒传》中，菜园子张青、母夜叉孙二娘在十字坡开黑店，孙二娘想害武松却被识破。武松把孙二娘按住猛打，正好张青从外面回来，见势不妙，"大踏步跑将进来叫道：'好汉息怒！且饶恕了，小人自有话说。'"

当下两人一报姓名，原来都是江湖上有名的角色，于是冰释前嫌，结为兄弟。

如果是自己得罪了人，劝人"息怒"之后，还要求得对方的谅解，这时就可以用到"海涵"一词。

海涵，赞美对方有着大海一般宽广的涵养，言下之意，也就是请人宽容、包涵。

比如举办一场活动，来了很多嘉宾，结束的时候，主人会说："今日招待不周，还望各位海涵！"

有时你给人提了很多批评意见，说完了又担心对方不高兴，也可以说："以上都是肺腑之言，若有冒犯，还请海涵。"

晚生才疏识浅，全仗太师海涵

有一个关于苏轼和王安石的传说。

苏轼去拜访宰相王安石，在书房等候，见到桌上压着一首没写完的《咏菊》诗："西风昨夜过园林，吹落黄花满地金。"

苏轼心想：王老头这是江郎才尽了呀，一首诗才写两句，就写不下去了。

再一琢磨，又觉得连同这两句都是错的：菊花不怕秋风冬霜，最是耐寒，见过菊花焦干枯烂，可没见过菊花被风一吹，就花落满地的！

于是当即续写两句："秋花不比春花落，说与诗人仔细吟。"写完就悄悄溜了。

王安石回来后，看到苏轼续写的两句诗，心下恼火，也不多说什么，就把苏轼发配去湖北黄州做官。

又是一年秋天，黄州的朋友请苏轼去赏菊，到得菊园，一看，苏轼就惊呆了。原来，只见满地金黄的菊花堆积，枝头上却一朵也没有。苏轼这时才知道，自己错怪了王安石。

回京的时候，苏轼特地去向王安石请罪，说："晚生才疏识浅，全仗太师海涵。"

好口才

有眼不识泰山。

《水浒传》中，武松大闹鸳鸯楼后，连夜出逃，又累又困，见到一座古庙，跑进去倒头便睡。结果一醒来，他发现自己被菜园子张青、母夜叉孙二娘的四个喽啰绑了起来，正准备杀人剥皮。幸好张青和孙二娘赶到，认出武松，才知是误会一场。

这时候，四个喽啰过来道歉，说："正是'有眼不识泰山'，一时误犯着哥哥，恕罪则个！"

其中"恕罪"，同"海涵"。

觍颜 / 汗颜 / 献丑 / 形秽

觍颜，音 tiǎn yán，是厚着脸皮、难为情的意思。同"厚颜""觍着脸"，跟"薄面"在字面上似乎对立，但使用中却有"貌离神合"之处。

如：我知道我迟到了，但是这次比赛确实对我特别重要，所以我觍颜来跟老师求个情，希望给我一个参赛的机会。

换成"薄面"则可以是：我请求老师给我几分薄面，让我继续参赛。

有时是一种自谦的说法。比如：既然大家都推举我上场，那我就觍颜献丑了，跟这位乒乓球冠军请教几招。

刘蕡下第

唐文宗时，朝廷对荐举人才进行策论考试。书生刘蕡文章好、才学高，但是——思想有"问题"，他在文章中大肆抨击当时宦官当政的丑恶现象。考官们欣赏他的才学，却畏惧宦官的权势，不敢录取他。

官员李邰知道后，感叹着说："刘蕡下第，我却中选了，我这是何等厚颜啊！"

这个故事被明朝人写进启蒙读物《龙文鞭影》里："刘蕡下第，卢肇夺标。"

也被清朝人写进诗里："自惭才出刘蕡下，独对春风转厚颜。"

蕡，音fén。意思就是说，刘蕡落选了，我才华不如刘蕡却被选中，让我既为刘蕡觉得委屈，也为自己感到脸红。

另有“汗颜”一词，指因惭愧而汗流于脸上。如：想到你对我的深情厚谊，而我能为你付出的却那么少，我真觉得汗颜啊！

献丑，是自谦的说法，表示很低调地说自己水平不高，献个“丑”给大家看看，博人一乐。比如：先生大名，如雷贯耳。小弟献丑，真是班门弄斧了。

类似的表示自己水平很臭的说法，还有“自愧不如/自叹弗如”，严重一点，还可以说“自惭形秽”。

形秽，音xíng huì，意思是形态鄙俗或长得丑。成语“自惭形秽”，是说自己才华、能力不如人，或者长相不如人，因此感到羞愧。

历史上便有一个“见到你的美，我自惭形秽”的故事。

珠玉在侧，觉我形秽

魏晋时期的卫玠，那可是中国古代最有名的美男子之一。卫玠的舅舅王济，那也是要才华有才华、要地位有地位、要长相也有长相的人，但是，跟卫玠一比，土鸡瓦狗了！

每次见到卫玠，王济都要感叹一番：“珠玉在侧，觉我形秽。”——站在这般珠玉俊秀的人物身边，我真是觉得自己丑得不敢见人啊。

这是成语"自惭形秽"的出处。"珠玉"也用来泛指一切好的、优秀的、杰出的人或事物，多作"珠玉在前"。

知识拓展

卢肇夺标：唐朝，卢肇和同乡黄颇去考科举。黄家富，卢家穷，两人一起出发。当地长官特地请了黄颇，为之饯行，却让卢肇在老远的地方等着。第二年，卢肇中了第一名回来，该长官这回恭敬地请他观看赛龙舟，卢肇以此为题材，有感而发，写了一首诗，末两句是："向道是龙刚不信，果然夺得锦标归。"之前就说那条舟是龙，你们不信，现在它果然夺了第一名回来。意在讽刺势利小人，狗眼看人低。

说项

"说项"，我们知道，是替人说好话、说情的意思。多用于书面语，常跟"代为"二字组合。

生活上有困难，想申请一些照顾，但是自己不好意思出面，就请人去领导那里帮忙说明情况，"代为说项"。

做了错事因而得罪了朋友，需要求得朋友的谅解，但是朋友拉黑了你，不愿跟你说话。这时，你就需要有一个人出来帮你"说项"。你可以写信给一个和你俩都熟悉的人，请他"代为说项一二"。

那你知道吗？"说项"的"项"，既不是指"项目"——为拿到某个项目而去拉关系，也不是作量词——一项两项好几个事项都需要请人去说情，同时也不是指"颈"——为什么要请人去说脖子呢？

这些理解都不对，"项"其实是一个人，一个姓项的小伙子。

逢人到处说项斯

唐朝中后期，有个官员叫杨敬之，诗文上虽然略有些名气，但他能够为后人所熟知、尊敬，却是因为他的一个美德。

杨敬之担任国子祭酒，特别爱才，喜欢提携年轻人。因此很多从外地来京城长安的年轻才子，没有根基、没有名气，就会找到杨敬之，递上自己的作品，请求提点和帮助。

项斯就是这样子找上杨敬之的。两人非亲非故，但是杨敬之一读到项斯的作品，就非常喜欢，积极帮助他在京城立足，还到处向人推荐项斯。

杨敬之写了一首诗，赠给项斯：

几度见诗诗总好，及观标格过于诗。平生不解藏人善，到处逢人说项斯。

其中"平生不解藏人善，到处逢人说项斯"，是流传很广的名句。人们用"说项"这个典故，来总结杨敬之不图好处、主动宣扬他人长处的高尚行为。

知识拓展

"说项"在实际使用中偏贬义。近义词有关说、请托。

奖掖："掖"，同"腋"，用手扶着别人胳膊。所以"奖掖"就是奖励、扶持、提拔，跟"说项"的本来意义很相似。

请益 / 赐教 / 点拨 / 解惑

求人要有求人的态度，向人拜师就是要学习人家的长处，而不是去给人挑刺。我们先来看一个小故事。

先教而后师之者，悖

孔子的后代孔穿，想跟着"白马非马论"的作者公孙龙学习，他说："向来听说先生道义高尚，早就想做您的弟子，但是对您的白马非马学说，我是很不认同的。如果您能放弃这个说法，我就跟着您学习。"

公孙龙很吃惊，回答说："您这话就错得离谱了。我之所以有些名气，正是因为我的白马非马学说。您让我放弃它，我还能教您什么？何况，想拜人为师，是自觉智力和学问不如人家吧，而您呢，这是先来教我，而后才拜我为师。这岂不是大错特错！"

孔穿无言以对。

你觉得公孙龙的话有道理吗？他的原话是"先教而后师之者，悖"。——这样的态度不是来求学的，是来踢馆的吧！

古人在向人求学的态度上，比今人其实要虔诚很多。我们读古人文章、对话，动不动就是"请益""请先生指教""向先生请教一下""多谢先生点拨 / 解惑"……两位武林高手，马上要进行生死对决了，也会很有风度地双手一拱："请赐教！"

请益，请求增加或者请求指教。《礼记》中说："请业则起，请益则起。"起，起身、站起来。向老师提问，要起立；请老师把不明白的地方再讲一遍，也要起立。"益"是增加的意思，不能理解为益处、好处。

赐教／请赐教，是请人给予指点。"赐"有赏赐、给面子的意思，这话就说得很客气、很恭敬了。常用词组"不吝赐教"。比如，鲁迅《两地书》中有一句：但我相信倘有请益的时候，先生是一定不吝赐教的。

点拨，指点、启发。跟"解惑"近似。解惑，（通过别人的点拨来）解除困惑。

唐朝文学家韩愈有一篇《师说》，对"老师"这一职业做了高度提炼："古之学者必有师。师者，所以传道受业解惑也。""受"通"授"，老师就是那个传道理、教学问、解困惑的人。

好口才

桃源何处是，游子正迷津。

出自唐代诗人孟浩然《南还舟中寄袁太祝》："沿溯非便习，风波厌苦辛。忽闻迁谷鸟，来报五陵春。岭北回征帆，巴东问故人。桃源何处是，游子正迷津。"

迷津，错误的方向或道路。成语"指点迷津"，意思是请人指点正确的道路、办法。

奉寄 / 惠赠 / 大作 / 拙著 / 雅正

人很好但是话说得很难听，这种人，我们一般说他是"刀子嘴、豆腐心"。"刀子嘴、豆腐心"的人你喜欢吗？跟他相处你觉得自在吗？

多数时候，答案是否定的。从心理感受来说，没有人愿意跟带刺的人长期相处。所以，我们不但要人很好，话也要说得好听。

比如，你的文章或者画作出版了，你要送给好朋友们。这时你不能说："这是我写的书，给你一本回家学习吧！"

首先，你的作品不一定值得人家"学习"；其次，说"给"也不够礼貌——你给我就要收下吗？不是这样的。

古人很讲究，会说："奉上拙著一册，敬请雅正！"

奉上 / 奉寄，是给人赠送或寄递东西时的敬语，"奉"本义是侍奉，显得很客气。同样的还有"敬赠"一词，表示敬重、钦慕。比如：自制中秋贺卡一张，敬赠老师。

赠送别人礼物，用奉寄 / 奉上、敬赠；收到别人礼物，则说惠寄、惠赠。如：一早上收到你惠赠的卡片，老师非常高兴，感谢你。有时也用"雅赠"，多用在收到别人赠送的书画、著作的情况。

收到别人送的礼物，回复时要充分尊重。如作品、图书，则称"大作 / 大著"；其他礼物，可以说"厚礼 / 大礼"。

对自己送人的礼物，则要放低姿态，如"拙著""薄礼"。

雅正/斧正/指正，自谦语，意思是请人指出和纠正错误。用于向人赠送自己的文章或书画作品时。

曾经有个例子，某人向他人赠送自己的著作，特意在书上题写了一句话：奉上大作，敬请拜读！

你看，短短八个字，四个词语，"奉上"用对了，"大作"错了；"敬请"用对了，"拜读"错了。

拜读，只能用于自己阅读他人的作品，是非常客气的说法。请别人阅读自己的作品，则只能说"雅正/斧正/指正"。

而请人收下礼物（多是书籍、书画、照片之类），可以说"惠存"。

所以上面的这句话，正确的说法应该是：奉上拙著，敬请雅正/斧正/惠存。

求职时，向招聘者发送自己的简历时，也可以说"这是我的简历，敬请惠存"。——多写"敬请惠存"四个字，你被用人单位录取的概率也许就要大大增加。

知识拓展

班门弄斧：班，鲁班，木匠行的祖师爷。在鲁班的家门前耍弄斧头，就像在关公面前耍大刀，自然是不自量力，让人笑话。用作自谦，表示自己能力不如人。

钧裁：请人决定、指示。如：事情经过就是这么个情况，下一步该怎么做，请您钧裁。

怎么说话更典雅

第三辑

解颐 / 莞尔

在古典词汇中，关于"笑"，有两个最重要的词，它们就是解颐和莞尔。

简单地说，解颐，就是大笑。颐，指脸颊；解，可以理解为"怒放"；脸颊怒放，自然是笑得很开心。这个词现在已经很少使用。

莞尔，就是微笑，也指微笑的样子，美好的样子。

"莞尔"一词现在还常常使用。主要词组有：

"不觉莞尔"，自己都没察觉就轻轻笑了一下。比如读书读到会心处，不觉莞尔。

"莞尔一笑"，意思是轻轻一笑，多用于形容女性。比如：小姑娘回过头来，莞尔一笑，那样子美丽极了，让看见的人都不由得心生喜悦。

匡衡是个好老师

匡衡是西汉时期的人，又名匡鼎。他家境贫寒，却十分好学，靠帮人做事来供自己生活和读书，后来学有所成。

当时有句谚语："无说《诗》，匡鼎来。匡说《诗》，解人颐。"是说匡衡这个人对《诗经》研究很深，而且特别会讲解。大家都说，我们不要说《诗经》了，一说《诗经》，匡衡就会来，他要是来了，说起《诗经》来，能让人肚子都笑痛。

　　解人颐，后世学者特意对这仨字作了注解：使人笑不能止也。听这样的老师讲解《诗经》，得是多么幸运的事啊！

　　关于"笑"这件事，我们能想到很多表达，比如：哈哈大笑、开怀大笑、捧腹大笑、笑得合不拢嘴；回眸一笑、微微一笑、会心一笑、粲然一笑、嫣然一笑；哄堂大笑、强颜欢笑、笑泪齐飞、偷笑、哄笑、哂笑、嘲笑、嗤笑、坏笑、皮笑肉不笑……

羁旅／客居

古代有追求的读书人，往往有一个大目标和一个小目标。

大目标就是治国平天下——当大官、做圣贤，为苍生谋福利，为天下开太平。

这个目标很崇高，但也很遥远，即使万事俱备，也还要能捕获一缕东风才行。这东风就是运气：科举顺利、贵人赏识，否则再有才华也卖不到帝王家。

所以又有一个小目标：读万卷书，行万里路。

小目标也并不容易实现。要知道，古代的印刷术、造纸术远不如今天普及，书籍是很稀少的，很多读书人一辈子见都没见过万卷图书，更不要说是读完万卷。

而古人行路，陆地上靠马车，水上靠客船，多数时候更

古道西风瘦马，断肠人在天涯。

古代把反映漂泊无定、行旅天涯或者客居异乡情绪的诗，称为羁旅诗。如果要评选古代最令人销魂的羁旅诗，元代作家马致远的这首小令，应该是很有实力的竞争者：

《天净沙·秋思》

枯藤老树昏鸦，小桥流水人家。

古道西风瘦马。

夕阳西下，断肠人在天涯。

是靠迈开腿大步走。这样的条件，想要行万里路，其难度也就可想而知了。

可堪安慰的是，理想之所以是理想，就是因为它难以实现却又并非遥不可及。在古代，很多读书人坚定不移地行走在路上，为理想抱负也为生活和家人，在奋力奔波。

在路上，便是"羁旅"；在异乡，便是"客居"。

今天交通发达，人们天南地北、东洋西洋地来回流动，再远的路途，飞机、高铁也很快就能到达，所以对"羁旅"的感受浅了；也因为城市化加速，人员流动频繁，远离家乡、家人在外地求学、工作的人也就越来越多，"客居"便成为常态。

人们把在北上广深打拼的年轻人称为北漂、南漂，漂呀漂的就回不去故乡了。

此心安处是吾乡。

古代诗人多数都有羁旅异乡的经历。宋代苏轼是四川眉山人，一生曾在多地为官，甚至被远贬广东惠州、海南儋州（广东和海南在当时都是非常偏远落后的地区）。但是苏轼性格乐观、豁达，他的诗词作品往往也传达出一种乐观精神，使人心安。比如这句："试问岭南应不好，却道：此心安处是吾乡。"

心安处，可以是指一个地方，也可以是指某种精神寄托。

冠盖／倾盖

冠盖，本义是官员的帽子和车盖，泛指官员、显贵。

我们要形容某个家族出了很多名人、大官，可以说"世家华族，冠盖相望"。一场大型的活动，受邀而来的尊贵客人很多，我们也可以说"冠盖云集"。

冠盖满京华，斯人独憔悴

诗人杜甫和李白是好朋友。李白晚年被流放，杜甫非常挂念，夜里梦到李白，醒后写下《梦李白二首》，其二曰：

浮云终日行，游子久不至。三夜频梦君，情亲见君意。

告归常局促，苦道来不易。江湖多风波，舟楫恐失坠。

出门搔白首，若负平生志。冠盖满京华，斯人独憔悴。

孰云网恢恢，将老身反累。千秋万岁名，寂寞身后事。

"冠盖满京华，斯人独憔悴"，是说京都长安城里，到处是高冠华盖的达官权贵，唯有李白这样一个才华出众的人，却憔悴失意，孤苦困顿。

今天，我们也可以用这句诗来安慰在远方大城市中打拼，因为挫折而心绪低落的朋友，"冠盖满京华，斯人独憔悴"。——虽然你暂时有些失意，但我相信：你是不同的，出类拔萃的，终将成就非凡人生。

"冠盖"显贵，另一个同样带"盖"字的词语"倾盖"，则让人感到很温暖。"盖"仍然是车盖，"倾盖"就是两车的车盖往一起倾斜，意思是两人路上相遇，停下车来热情交谈。有一见如故或初次相逢即结缘的意思。

白头如新，倾盖如故。

人与人之间的相处，靠缘分。有些人相处了一辈子，还是跟刚认识的人一样陌生；有些人才第一次相见，却就像失散了很多年的老朋友。这便是"白头如新，倾盖如故"的意思。

西汉时，邹阳受人诬陷，被梁孝王关进监牢，即将处死。邹阳十分激愤，在狱中给梁孝王写了一封抗议信，信中说："谚曰：'有白头如新，倾盖如故。'何则？知与不知也。"

——有相处到老还是彼此陌生的，也有停车交谈一见如故的。为什么？关键在于是不是相互理解啊。

这话极有道理。知己者，一见如故；不能知己，见面再多、相处再久也是枉然。

联袂 / 分袂 / 把袂 / 长袖善舞

袂，音mèi，是衣服的袖子。

与袖子相关的词，我们先来了解"联袂"和"分袂"。

联袂，顾名思义，衣袖相连，就是手拉手，比喻携手同行，或者两个人一起出现。常用词组有"联袂演出""联袂而至"。

比如：中秋晚会，两大"天王巨星"联袂而至，给大家奉献了一场精彩演出。

分袂，自然就是指分手、离别。

比如李白的诗，"兴罢各分袂，何须醉别颜"，酒兴过后各自离开，何必非要做离别伤感之态。

长袖善舞，多钱善贾。

战国时期，范雎早先在魏国大臣须贾手下做事，被打得半死，扔到垃圾堆里差点没命，后来逃到秦国，数年之间，成为宰相。

燕国人蔡泽，曾经在赵、韩、魏等国找工作，都不顺利，来到秦国，被秦王重用，后来也当上宰相。

《史记》的作者司马迁将这两人的传记合在一起，并引用《韩非子》中的话，"长袖善舞，多钱善贾"，肯定范雎、蔡泽之所以能在秦国得到重用、当上宰相，确实是因为他们有各自独到的本领、长处。

唐代另一位诗人李山甫的《别杨秀才》，"如何又分袂，难话别离情"，怎么才相见就又要分离，心中的感伤真是难以言表。

把袂，握住衣袖，即握手，多用于表示期待会晤或关系亲昵。如李商隐的诗"何当共剪西窗烛，却话巴山夜雨时"，我们用"把袂"一词来改成五言，可以是"何日再把袂，却话夜雨时"——我很期待有一天和你再见面，聊聊巴山夜雨涨秋池的那段日子。

今天形容场面热烈、融洽，常说"把酒言欢"，而"把袂言欢"，也是同样的用法。

成语"长袖善舞"，原是指袖子越长，跳起舞来就越好看，彩袖飘飘如天女下凡。比喻有本钱、有所依靠，事情就容易成功。后用来形容人的情商高，待人处事有手腕，善于钻营、取巧，有贬义。

这句话出自《韩非子》。还有一句为"多钱善贾"，本钱越多，生意就越容易做。这都是至理名言。

巧妇难为无米之炊。

再心灵手巧的女人，如果家里没米，那也煮不出一顿好饭。这是一句俗话，意思则跟"长袖善舞，多钱善贾"正好相反。

拮据／捉襟见肘／阮囊羞涩

人活着，但钱没了，是人生最大的尴尬之一。这一篇，我们来说说"没钱"这件事儿。

在抖音上有个游戏：用一句话来证明你很穷。于是人们以莫大的娱乐精神造出了很多有趣的句子，比如：

你让一下，别挡着我喝西北风。

我太穷了，我家耗子都哭着搬家了。

要不是空气免费，我都活不到现在。

凡是能用钱解决的问题，我都解决不了。

杜甫怎么哭穷

诗圣杜甫写下了很多反映社会现实、揭露黑暗的诗，在他的诗中，也记录下了很多他自己生活的贫困情形。有一首《茅屋为秋风所破歌》，其中有"布衾多年冷似铁""床头屋漏无干处"，很苦、很穷！

穷得叮当响。

古时少用纸币，多是银两、铜币。钱放在口袋里，钱多的时候，口袋沉甸甸的，人走路时反而没有声响；钱少的时候，就几个铜币，一走路，口袋里铜币便撞来撞去，叮当作响。

还有一首《空囊》："翠柏苦犹食，晨霞高可餐……囊空恐羞涩，留得一钱看。"意思是翠柏虽苦还能吃，朝霞高挂可以当早餐……太穷了怕被人笑话，兜里特意留着一文钱。

——这感觉简直就是说"别挡着我喝西北风"的那位穿越去了唐朝！

古人说穷的词语，有比较直白的，如家徒四壁、一贫如洗；也有较为委婉的，如拮据、捉襟见肘、阮囊羞涩/囊中羞涩。

拮据，出自《诗经》，原指鸟衔草筑巢，手足劳累。后用于形容手头不宽裕，经济窘迫。如：最近手头拮据，诸事艰难。

阮囊羞涩/囊中羞涩，就是口袋里没钱，（口袋）很难为情。

阮囊羞涩

语出宋朝人的一篇笔记："阮孚持一皂囊，游会稽。客问：'囊中何物？'曰：'但有一钱看囊，恐其羞涩。'"

阮孚是东晋时期人，父亲是"竹林七贤"之一的阮咸。阮孚不懂营生，穷得很。他经常带着一个黑布口袋，有人问他："你这口袋里装的是什么？"阮孚说："啥也没有，就留了一枚小钱看家，免得口袋感到羞涩。"

——杜甫诗句"囊空恐羞涩，留得一钱看"，说的也是这个典故。

捉襟见肘，拉一下衣襟就露出胳膊肘儿，表示衣服很破烂。比喻顾此失彼，穷于应付。语出《庄子》："正冠而缨绝，捉襟而肘见，纳履而踵决。"——戴上帽子便拉断了帽带，拉过衣襟就露出了胳膊，穿起鞋子就露出了脚跟。

"捉襟见肘"的使用范围较广，用在经济上，是表示没钱、钱很少，如：最近光出钱不进钱，只能拆东墙补西墙，总是捉襟见肘。用在做事上，指能力或手段有所欠缺，不能有效解决问题。如：他做事很没章法，老是出错，安排给他的工作，他做起来总是捉襟见肘。

破箧无钱只有诗。

元末明初有个诗人叫张羽，也写了一首"哭穷"的诗：柳絮飞飞共语离，尊前会面定何时。交情冷淡孤衷在，世味辛酸两鬓知。春水乱滩船下疾，晓风残月酒醒迟。湖边鸥鹭休相笑，破箧无钱只有诗。箧，音qiè。最后两句是说：鸥鹭鸥鹭你别笑我，我这破箱子里没有钱财只有诗！

臧否／月旦

臧否，音 zāng pǐ，"臧"是善、好；"否"是不好、坏、恶；"臧否"作动词用，就是褒贬、品评的意思。

毛泽东的词："恰同学少年，风华正茂；书生意气，挥斥方遒。指点江山，激扬文字，粪土当年万户侯。"这里"粪土当年万户侯"的行为，就是臧否人物。

月旦，本义是每月初一；东汉许劭主持了一项活动，像出杂志一样，每月初一发表一期，内容则是对当代人物以及诗文书画作品的品评，称为"月旦评"。所以"月旦"一词，也指褒贬、品评人物、事件或作品。

治世之能臣，乱世之枭雄

许劭这人爱品评人物，而且说得很准，因此很多人怕被他评，又想被他评，因为经他一品评，往往就可以声名大噪。

许劭喜欢和名人交游，唯独没拜访名士中的"老大"陈寔；名士陈蕃的妻子去世，很多人都去参加葬礼，只有许劭不去。许劭的理由是："陈寔交游太广，太广则待人难能周到；陈蕃性情严峻，严峻则不够通达，容易起冲突。"

曹操那时还不出名，很想得到许劭一评，常常备了厚礼来求见，甚至不惜威胁许劭。许劭不得已，给他评了句："清平之奸贼，乱世之英雄。"曹操很高兴，满意而归。

这句评语后来演变为"治世之能臣，乱世之枭雄"。确实很符合曹操其人。

古人格言中有一联："静坐常思己过，闲谈莫论人非。"这话是古人生活经验的总结，跟"指点江山，月旦人物"的风格恰恰相反，但也有一定道理。今天我们鼓励自由表达意见，评论他人优缺点时，只要保持善意，不要过于刻薄就好。恰当的臧否有助于人更好地认识自己。

知识拓展

否极泰来："否"同"臧否"的"否"，音 pǐ；意思是逆境达到极点，就会向顺境转化，坏运到头了，好运自然就来。否和泰都是卦名，"否"是坏情况、不顺；"泰"是顺境、顺利。

陟罚臧否：成语，指赏罚褒贬。陟，音 zhì，升迁；与"黜"（音 chù，降免）正好相反。

耿介 / 骨鲠 / 狂狷 / 乡愿

耿介，音 gěng jiè，形容一个人正直，不同流合污。

骨鲠，音 gǔ gěng，本义是鱼骨头，也指像鱼骨头一样正直、刚直的人。

这两词意思相近，凡是被称为"耿介之士""骨鲠之士""骨鲠之臣"的人，都是个性突出、不畏强暴、有道德底线、坚守原则的硬骨头。这种人做事方式也许会让人难堪，但其为人却值得尊重和钦佩。

鱼头参政鲁宗道

北宋时期，参知政事鲁宗道，刚正疾恶，直谏敢言，对坏人坏事丝毫不留情面，从不因为对方身份、地位高而有所顾忌。满朝权贵都很怕他，称他是"鱼头参政"。

鱼头，指他姓"鲁"，是鱼字头，也暗喻此人像鱼一样、浑身刺多、难以对付。奸臣眼里的鱼头，在老百姓眼里，却是万金难求的好官。

如鲠在喉：指鱼骨头卡在喉咙里，不吐不快。比喻心里有话没有说出来，非常难受。

狂狷，音 kuáng juàn，多用来形容个性突出、不走寻常路的人。

出自《论语》："子曰：'不得中行而与之，必也狂狷乎！狂者进取，狷者有所不为也。'" 这句话把"狂"和"狷"的意思表达得很清晰。"中行"是中庸之道，"狂狷"就是抛弃中庸之道的人或行为。"狂者"志向很大，不低调、不谦虚，但能积极进取；"狷者"孤傲，甚至有点冷漠，对天下人天下事不热心，但能洁身自好。

有所不为，多作褒义用，指不好的事情不做，不当的利益不要。

古代很多人都曾以"狂者"或"狷者"自居。

德也狂生耳

清代词人纳兰性德，以深情婉转的情诗而著称，但他也有"狂生"自居的一面：

德也狂生耳。偶然间，缁尘京国，乌衣门第。有酒

海纳百川，有容乃大；
壁立千仞，无欲则刚。

这是清代名臣林则徐的一副对联。无欲则刚，意思是心中不怀私欲，自然就能刚正不阿。这副对联很巧妙地嵌入四个成语，产生了让人耳目一新的效果。

惟浣赵州土，谁会成生此意。不信道、遂成知己。青眼
高歌俱未老，向尊前、拭尽英雄泪。君不见，月如水。

（《金缕曲·赠梁汾》节选）

成语"狷介之士"，指孤僻高傲，洁身自好，不同流合
污的人。

那么"耿介""骨鲠""狂狷"的反面，是什么样子呢？
"乡愿"一词最能代表。

乡愿，指貌似忠诚谨慎，实则不顾道德原则而随大流的
伪善者。有人称之为"老好人"，但乡愿其实比老好人要坏
得多，可恶、可恨。

革命志士李大钊曾经有一句话："中国一部历史，是乡
愿与大盗结合的记录。"将"乡愿"与"大盗"相提并论。

一直以来，人们对乡愿都是很反感的，有句话是"宁为
狂狷，不为乡愿"。中国古代读书人倡导"中庸"，对"狂
狷"多有不满，认为不符合儒家规范，但是相较于"乡愿"，
他们更能接受"狂狷"，因为狂狷者洁身自好。

孔子说：乡愿，德之贼也！——乡愿是社会道德的大敌，
是败坏道德的人。

和事天子

唐中宗是个很糊涂、懦弱的皇帝。他在位时，朝廷
一片混乱。

一次，御史崔琬控告兵部尚书宗楚客里通外国，受

人财货，致使边境发生战争。

按规定，大臣被提起指控，应当点头哈腰走到朝堂外面去，等候皇上处理；但宗楚客愤然而起，怒形于色，在皇帝面前为自己争辩，并反告崔琬诬陷他。

而唐中宗的做法也很出人意料：他并没有追究事情的真相，而是命原告和被告双方结为兄弟，以达成和解。时人称为"和事天子"。这样的"和事天子"，已经很接近"乡愿"了。

不恨古人吾不见，恨古人不见吾狂耳。

　　出自南宋辛弃疾的《贺新郎·甚矣吾衰矣》一词，展示了作者热血激越、狂放不羁的一面。这阕词中，"我见青山多妩媚，料青山见我应如是"也是常被引用的名句。

阋墙／煮豆燃萁

如果要形容亲兄弟间因为主张或者利益不同，搞不到一块儿去，天天争吵，或者一家人之间闹分裂，打得头破血流，你会想到哪些词呢？

兄弟反目、父子成仇、内讧、同室操戈……其实有一个词，不但内涵最丰富，而且"资历"也最老。那就是"阋墙"。阋，音 xì，争吵、不和。"阋墙"一词出自古老的《诗经》："兄弟阋于墙，外御其侮。"就是说两兄弟，虽然关起门总是吵个不停，你争我夺，但是一遇外部的敌人，却常常能掉转矛头，一致对外。

古人对生活的观察之深刻，丝毫不输给两三千年后的现代人。今天我们观察生活中一家人不和的例子，发现还真是这样：我兄弟我能打，别人不能打，该斗争时斗争，该团结时也一点不含糊。

"阋墙"一词现在不局限于指兄弟之间，也用于指某个团体。

本是同根生，相煎何太急

三国时候，曹丕和曹植是曹操的儿子，曹丕接了父亲的班，建立魏国，史称魏文帝。他担心弟弟曹植会威胁到自己的权力，所以总是想找机会打击曹植。

一天，曹丕当众命令曹植必须在七步之内作出一首诗，如果作不出来，就要处死。这个要求明显很苛刻，众人都为曹植捏了一把汗。没想到，曹植才思敏捷，竟然真的在七步之内，吟出一首诗：

煮豆持作羹，漉菽以为汁。

萁在釜下燃，豆在釜中泣。

本是同根生，相煎何太急！

煮豆来做豆羹，要把豆子的残渣去掉，留下豆汁。豆秸在锅底下燃烧，豆子在锅里面哭泣。豆子、豆秸本是同根而生，豆秸你又何必这么着急煎熬豆子！

这首诗写得实在是太贴切了！生活知识和人生故事完美相洽，无缝对接。后人从这个故事中归纳出"煮豆燃萁"这个成语，比喻兄弟之间互相残杀。

无论"外御其侮"时如何团结，兄弟阋于墙、煮豆燃萁，都是应当避免的悲剧。

度尽劫波兄弟在，相逢一笑泯恩仇。

出自鲁迅先生的一首旧体诗：奔霆飞熛歼人子，败井颓垣剩饿鸠。偶值大心离火宅，终遗高塔念瀛洲。精禽梦觉仍衔石，斗士诚坚共抗流。度尽劫波兄弟在，相逢一笑泯恩仇。

相逢一笑泯恩仇，意思是相逢时对视一笑，过去的恩恩怨怨全忘了。

觊觎 / 睥睨 / 青眼

古人说，一颦一笑，可杀人于无形。这是说微表情的厉害。

眼神是微表情中最重要的内容之一，这里我们学习几个关于眼神的词。

觊觎，音 jì yú，觊是希图得到，觎是过分、不正当的需求。"觊觎"的意思就是想得到不该得到的东西，怀有非分之想。比如身为臣子，却觊觎皇位；身为朋友，却觊觎对方家的财产。

睥睨，音 pì nì，本义是斜着眼睛看，多用来表示傲视、厌恶或者偷窥。常说"顾盼自雄，睥睨天下"，意思是这个人高傲到了极点，自以为天下第一，把其他人都不放在眼里。

这两个词都是贬义，书面语，今天还经常用到。

我们再学习一个同样与眼神相关的褒义词，"青眼"。

给你一个眼神细细品

魏晋时期的名人阮籍，性情不羁，与人交往，不愿意虚与委蛇。

据说阮籍有一项技能，能作"青白眼"：所谓"青眼"，就是两眼正视，黑色眼珠在中间；所谓"白眼"，就是两眼斜视，露出眼白。看到喜欢的人、尊敬的人，就给他一记"青眼"；看到不顺眼、不待见、鄙视的人，就给他一记"白眼"。——看来这阮籍，不光诗写得好，原来还是个"表情帝"。

阮籍母亲死时，嵇喜来吊唁，阮籍看他不爽，便以"白眼"相待；嵇喜的弟弟嵇康，带着琴和酒来慰问，阮籍很高兴，抛过去一堆"青眼"。

这就是"青眼"一词的典故出处。

从"青眼"衍生出来的词语，还有青眼相看、青眼相待、青眼有加，都是表示欣赏、看得起。白居易的诗歌《春雪过皇甫家》说："晚来篮舆雪中回，喜遇君家门正开。唯要主人青眼待，琴诗谈笑自将来。"只要主人家对我青眼相待，当我是朋友，那么弹琴作诗欢声笑语就都会有的。

还有一个词"青睐"，也是从"青眼"中来。睐，音lài，看的意思。"青睐"就是青眼相看，表示赏识。

知识拓展

　　红橙黄绿青蓝紫，青是七色之一，接近绿色和蓝色。在人们印象中，青是一种喻义很好的颜色，所以"青"组成的词，也多带褒义。如：草的颜色，"青青河边草"；山的颜色，青山绿水，"齐鲁青未了"；天空的颜色，"青天"，有个著名的清官包拯，被老百姓称为"包青天"；年轻状态，"青年""青春"；在成语"青出于蓝而胜于蓝"中，对"青"也是充满赞扬之情。

唾手 / 侥幸 / 掣肘 / 合璧

干过农活的都有一个印象：握住锄头或镰刀准备干活时，要往手掌上吐口唾沫，搓一搓，这样既可以帮助握紧农具，且手掌和农具摩擦的地方不容易起泡。

玩拔河游戏时，很多人也会这样，增加手上的摩擦力，可以把绳子握得更紧。

这个动作，就是"唾手"，比喻事情很容易办到，往手心上吐口唾沫就好了。唾，音 tuò，成语"唾手可得"是同样的意思。就像俗话说的，动动手指头就能得到，轻而易举，实在再容易不过了。

世间事情，真是这么容易吗？

清代文学家郑板桥有一句话说得极好，他在家书中告诫弟弟："凡人于文章学问，辄自谓己长，科名唾手而得，不知俱是侥幸。"

——人呀，只要有了点名气，就会觉得写文章、做学问，都是自己所擅长的事情，以这样的本事，去考取一个科举功名，简直就是往自己手心上吐口唾沫的事情，却不懂得，很多成功其实都不过是侥幸。

郑板桥这么想，不能说他悲观，其实是告诉我们一个道理：不要把偶然当必然，没有任何成功是必然的；我们更应该做的，是如同象棋中的过河卒子那样，不能后退，奋力往前拱就行了。这就是"谋事在人，成事在天"。

侥幸，音 jiǎo xìng，指由于偶然的原因而获得利益或免去不幸。

"受人牵制曰掣肘。"掣肘，音 chè zhǒu，指拉着胳膊，比喻牵制，阻挠，故意拖后腿。比如：这件事情有些挑战性，但也不是不能做到，希望大家能团结一致，少些掣肘就好了。

既然不要互为掣肘，那就强强联手吧。强强联手，可以称作"合璧"。合璧，结合双方的长处，吸取两者的精华。在武侠小说里，有一种需要两人联手才能发挥出最大威力的剑术，号称"双剑合璧，天下无敌"。

成语"珠联璧合"，出自《汉书》："日月如合璧，五星为连珠。"太阳和月亮像两个半块玉璧合成一个圆，金、木、水、火、土五个行星像珍珠连成一串。比喻杰出的人才或美好的事物聚集在一起。

知识拓展

唾弃：表示鄙夷、厌恶。

唾面自干：唐朝宰相娄师德和弟弟都是高官。担心遭人嫉恨，娄师德对弟弟说："假如有人往你脸上吐口水，你不但应该不吭声，而且擦都不要擦。口水自己会干的，何不笑着接受呢？"这便是"唾面自干"的出处。讽刺人过于容忍、退缩。

效仿／效尤／圭臬

效仿，又作仿效，学着做的意思。效仿的对象可以是人、事物、方法。

比如《三国志》中提到："比来天下奢靡，转相仿效。"意思是近年来天下崇尚奢靡，人们都有样学样，此风越来越盛。

效仿一个人或一件事到了极致，就是将其奉为"金科玉律""圭臬"。

金科玉律，本义是指金质的科（斗）和玉质的律管。"科"是量器，可以解释为"斗"。"律"是用来确定音高的标准器。比喻必须遵守、不能变更的守则或信条。

圭臬，音 guī niè，是测量土地和日影的仪器，引申为标准、准则和法度。

比如：三国周瑜颜值高，风度好，有才华，还是大将军，当时很多少女都是他的忠实"粉丝"，把周瑜的话奉为圭臬，视作金科玉律。

"效尤"虽然和"效仿"长得像，意思也接近，却是个明明白白的贬义词。效尤，指效仿坏的对象。

成语"以儆效尤"，儆音 jǐng，使人警醒；这个词的意思是通过处理、惩罚一个坏人或一件坏事，来警告那些同样做坏事的人或有同样的行为的人。

姜太公杀隐士

姜太公辅佐周武王灭了商纣，建立周朝，为了招募人才，姜太公花了很多心思。

齐国有两位贤人狂裔、华士，姜太公慕名前往，想请他们出来做事，但是拜访了三次，都吃了闭门羹。姜太公一气之下，把两人杀了。

周公旦知道后，责问姜太公："这两位贤人，只是不愿意出来做事而已，为什么把他们杀了？"

姜太公回答："四海之内，莫非王土，率土之滨，莫非王臣。这个时候，人人都应该为国家出力。如果都像狂裔、华士这样自命清高，那谁还肯跟我们合作？所以不在于其人是不是该杀，而在于杀他们，目的是以儆效尤！"

果然，经此一杀，其他人再不敢有样学样了。

知识拓展

亦步亦趋：出自《庄子》，"夫子步亦步，夫子趋亦趋"。"步"是正常走路，"趋"是快步走，小跑。意思是老师走，学生也跟着走；老师小跑，学生也跟着小跑。比喻事事模仿、跟随。

如法炮制：音 rú fǎ páo zhì，本义是按照成法制造中药，引申为完全照着做，依样画葫芦。

脱颖而出文言课

兵戎／倥偬／凯旋／铩羽／败北

《老子》说："兵者不祥之器。"意思是刀兵之类都是不祥之物，要远离。实质是要和平，不要战争。这话有一定道理，但是和平不是空口白牙可以得来的，而是要靠无数人的流血、牺牲才能实现。所以我们要珍爱和平，更要珍爱那些为了和平而奉献了生命的人。

兵戎，音 bīng róng，指武器或军队，也泛指争端、战争。

成语"兵戎相见"，即以武力或战争来解决问题，也指事态恶化，爆发最直接的冲突。如：孙膑和庞涓这对师兄弟，明里暗里较劲了很长时间，最终还是兵戎相见，在马陵一战定输赢，也是定生死。

戎马，本义是兵器和战马，比喻军旅生活。成语"戎马倥偬"，正是军务繁忙的意思。倥偬，音 kǒng zǒng，繁杂、忙乱、紧迫，也指生活困苦。如：诸葛亮自从追随刘备出山后，都是行色倥偬，劳心劳力，可说是一天都不得清闲。

这里要区别两个词：出师和班师。"出师"指出兵，部队出征，如成语"出师未捷身先死"。"班师"则是部队返回，或者胜利归来，如"班师回朝"。

战争或竞赛难免有胜有负，胜了，就是"凯旋"；负了，可称"铩羽""败北"。需要注意的是，"凯旋"是得胜归来，已经有"归"的意思，所以不能再说"凯旋而归"。

铩羽，音 shā yǔ，翅膀受伤、被摧残，比喻失意或失败。

常用词组"铩羽而归",如：这次赛事，我们本是抱着必胜的信心去的，不料半路杀出一支黑马队伍，夺了冠军，我们反而铩羽而归。

败北，"北"通"背"，指逃跑的时候背冲着敌人；败北就是打输了转身而逃，泛指失败、战败。

关羽败走麦城

三国时代，关羽"大意失荆州"，损失惨重，带着残剩兵马三百人，逃到麦城（今湖北宜昌境内）。关羽向刘备求救，但刘备远在四川，救援不及；又向离得近的刘封求救，但刘封怨恨关羽曾阻止刘备封他为王，故意见死不救。关羽势单力孤。东吴大军围城，关羽在突围时被擒获，处死。

后世用"败走麦城"来比喻失败、惨败。

秣马厉兵：也说厉兵秣马，秣，音 mò。喂饱战马，磨快武器，准备战斗，形容形势紧张。

瓜葛／瓜期／瓜田李下

瓜和葛都是蔓生的植物，藤蔓缠绕，所以"瓜葛"一词比喻辗转相连的社会关系，泛指人或事互相牵连。如：他这人工于心计，唯利是图，我们跟他最好别有瓜葛。

曹雪芹的小说《红楼梦》中也说："因与荣府略有些瓜葛，这日正往荣府中来，因此便就这一家说起，倒还是个头绪。"

相似的词有"纠葛"，意思是缠绕不清。

及瓜而代

齐襄公派手下连称、管至父戍守边境，瓜期时（七月）派他们去的，答应他们第二年这个时候就派人替代他们，让他们回来。可是第二年到了约定时间，瓜都烂在地里了，两人也不见齐襄公派人来替代，两人很生气，带领戍守部队回到都城，冲进王宫，杀了齐襄公。

这就是"及瓜而代"的故事，表示约定期满，要找人替代，如果失信，则可能要自食恶果。

后人用"瓜期"一词来表示类似意思，指戍守一年期满或官员任期届满，也指女子出嫁之期。

成语"瓜田李下"，出自古乐府《君子行》："君子防未然，不处嫌疑间，瓜田不纳履，李下不整冠。"意思是君子要防患于未然，要远离容易产生嫌疑的处境：经过瓜田边，不要蹲下来系鞋带，避免让人误会你要偷瓜；路过李树下，不要整理帽子，免得让人误会你偷摘果子。这是古人的生活智慧。

后人用"瓜田李下"来比喻容易引起嫌疑的场合。

皇帝也要避嫌

唐文宗时，官员郭宁有两个女儿，长得很漂亮。一天，人们看到郭宁的两个女儿进了皇宫；接着没多久，皇帝就给郭宁安排了一个肥差。人们对此议论纷纷。

唐文宗问大臣（书法家）柳公权："郭宁是太后的继父，官封大将军，当官以来没有什么过失，现今安排他去地方上任官，为什么会引起非议呢？"

柳公权回答："给郭宁安排官职，本无不妥，但是时机不对。人们都认为是因为他进献了两个女儿给您，才得到这个官职。"

唐文宗很郁闷，说："郭宁的两个女儿是进宫陪太后的，跟我有啥关系！"

柳公权说："瓜田李下，谁分得清呢？"

——可见，皇帝做事也要注意避嫌。

知识拓展

瓜祭：瓜果是好东西，古人食瓜，吃之前，必须先祭祀祖先，以示不忘本。称为瓜祭。

入乡随俗／恭敬不如从命

入乡随俗，意思是到了一个地方，就要按当地的习俗来做事。语出《庄子》："入其俗，从其令。"

求荣誉的给他荣誉，求实惠的给他实惠

有这样一个故事。有一家人要请客吃饭，按照乡俗，乡里有地位的人、有钱的人，要安排在主桌，穷人就安排在靠边的桌子。可是这次，主人家的儿子读书归来，认为从前的习俗歧视穷人，不公平，于是改成新做法：把穷人安排在主桌，把有地位的、有钱的安排在边桌。结果，这顿饭吃完后，穷人也不高兴，富人也不高兴。

为什么呢？有老人告诉这家人：有地位的人和富人，来这里不是要吃喝的，坐主桌对他们而言是一种荣誉；穷人是想饱吃一顿，让他们坐主桌，在主人眼皮子底下，不好意思放开吃，所以也生气。

故事中的主人就是不懂得入乡随俗。一个地方的习俗，之所以形成自然有其历史渊源，在不了解其深层原因之前，不要轻言更改。在人际交往中，"入乡随俗"也用来表示"客随主便"，相当于"恭敬不如从命"，是一种客套的说法。比如有些地方，餐桌上每上一道菜，必须客人先下筷之后，其他人才可以开吃，否则就是不礼貌。这种情境下，客人可

以说："那我就入乡随俗了。"

恭敬不如从命，意思是对人最大的恭敬就是顺从对方的要求。多用在交际场合，表示对方盛情难却，我虽不敢当，但也只好从命。比如：既然大家推举我来发号施令，那我就恭敬不如从命了，如有做得不好的地方，请各位及时指出来。

好的习俗、惯例或规定，可以称为"良风美俗"；不好的，则称为"陋俗"或"陋规"。比如：传统女性，从小就被要求缠小脚，这是摧残女性的陋俗。

里名胜母，曾子不入

"曾子"是孔子的弟子曾参，他是一个大孝子，对母亲非常尊敬。有一回，曾子在外，坐车经过一条巷子，巷子的名字叫"胜母巷"。曾子认为这个名字是对母亲的不孝、不敬，立刻掉转车头，不从这个巷子里走。

里名胜母，这是陋俗；曾子重孝道，这是良风美俗。如果要对一个地方的风俗进行改变，则是"移风易俗"。

知识拓展

矫枉过正：扳正弯曲的东西（"枉"），结果却用力过大，又歪向了另一边。比喻纠正错误超过了应有的限度。

河清／海晏／黍离之悲

河清，黄河之水变清；海晏，大海上风平浪静。有成语"河清海晏"或"海晏河清"。

我们知道，黄河之所以名为"黄河"，正是因为河水浊黄；而大海之上，无风三尺浪。可见"河清海晏"之难，因为难，所以更显珍贵，古人用这个词来比喻理想中的太平盛世，生民安乐。

明代吴承恩的小说《西游记》中，孙悟空战胜作怪的狮子精，救回玉华王和三位王子。小王子表示感谢，就说："幸蒙神师施法，救出我等，却又扫荡妖邪，除了后患，诚所谓海晏河清，太平之世界也！"

古代也有"圣人出，黄河清"的说法，以示圣人之威：

俟河之清，人寿几何。

春秋时期，郑国力弱，受到楚国的攻击，郑国朝廷分为两派，一派主张向楚国投降，一派主张抗楚待援，即向晋国求救。

投降派的大臣子驷说："俟河之清，人寿几何！""俟"是等待，意思是人的一生才能活多长时间，想要等到黄河变清，是不可能的。比喻不切实际、不可能实现的期望。

圣人出世后，连黄河之水都能变得清澈！

与"河清海晏"相反的，是兵荒马乱的乱世。俗话说："宁为太平犬，莫做乱离人。"宁可做太平盛世里的狗，也不要做战乱时代里的人。以做狗和做人这两种强烈的对比，来表示人们对太平（和平年代）的渴望、对乱离之世的恐惧。

乱离，因战乱而流离失所。

唐代诗人杜甫经历了"安史之乱"，在他的诗中，就有"国破山河在，城春草木深。感时花溅泪，恨别鸟惊心"这样沉痛的句子。

黍离之悲

《诗经》中有一篇《黍离》：

彼黍离离，彼稷之苗。行迈靡靡，中心摇摇。知我者，谓我心忧，不知我者，谓我何求。悠悠苍天，此何人哉。

彼黍离离，彼稷之穗。行迈靡靡，中心如醉。知我者，谓我心忧，不知我者，谓我何求。悠悠苍天，此何人哉。

彼黍离离，彼稷之实。行迈靡靡，中心如噎。知我者，谓我心忧，不知我者，谓我何求。悠悠苍天，此何人哉。

这首诗被视为悲悼故国的代表作，说的是西周因战乱而亡，作者路过曾经的首都镐京，看到宫殿倾塌，荒草丛生，不禁悲从中来。后人用"黍离之悲"，来指国破家亡之痛。

哀民生之多艰。

出自屈原《离骚》，"长太息以掩涕兮，哀民生之多艰"。指人民生活艰难、痛苦。

元朝作家张养浩的代表作《山坡羊·潼关怀古》便写道：峰峦如聚，波涛如怒，山河表里潼关路。望西都，意踌躇。伤心秦汉经行处，宫阙万间都做了土。兴，百姓苦；亡，百姓苦。

语文加油站

社稷、轩辕，都是国家

"社"指土神，"稷"指谷神，古代君主都祭社稷，后来就用"社稷"代表国家。

轩辕，指传说中的黄帝轩辕氏，他是中华民族的始祖，用来代指中华民族、国家。鲁迅《自题小像》诗中："我以我血荐轩辕"，我要用我的血来表达对中华民族的深爱。

鹿死谁手

鹿是大家都熟悉的动物，喻义吉祥，惹人喜爱。

《诗经》里即有"呦呦鹿鸣，食野之苹"的句子，意思是：可爱的小鹿儿呀呦呦叫，它们在原野上吃艾蒿。——好一幅欢快、祥和的景象！

但"鹿"怎么又成了王权的象征，后来又演变成指代胜负结果呢？《史记·淮阴侯列传》中写道："秦失其鹿，天下共逐之，疾足高材者得焉。"秦朝走失了一只鹿（指失去统治权力），天下所有英雄都来争抢，当然是谁跑得快、谁能力强，谁就会得到它！

这句话是谋士蒯通说的。蒯通曾经劝说韩信自立，不要再给刘邦卖命了。韩信不听，后来帮助刘邦打下了天下，但因为功高震主，自己也被刘邦的夫人吕后杀了。这时刘邦听说了蒯通的事，就责问他挑唆韩信，是何居心。蒯通便说出了这番话。成语"逐鹿中原"便出自这里。从此"鹿"便用来指代王权、统治权。

胜负未分，不知鹿死谁手

南北朝时期，一天，后赵开国皇帝石勒设宴招待群臣。酒宴上，他突发奇想，问大臣徐光："依你看，我这个皇帝，可以和历史上谁相提并论？"

徐光回答："论才智，您比汉高祖刘邦强；论本事，魏太祖曹操也不如您。我觉得，从古至今，没有一个人能比得上您，您应该是黄帝第二吧！”

石勒哈哈大笑，说：“你这马屁拍得太大了！人怎能没点自知之明呢？要说刘邦，我如果遇见了，只能做他的部下，倒是可以和韩信、彭越争个高低；假使碰到光武帝刘秀，我就得和他较量较量，逐鹿中原，试试看到底‘鹿死谁手’！”

后来，人们用“鹿死谁手”来比喻双方争夺的对象不知道会落在谁手里，引申为还不知道比赛双方谁胜谁负。

“鹿”又与“禄”同音，所以古人常以“鹿”指爵位或有爵位的人，语义双关。无论是指代王权，还是指爵位，都可以视作“胜利果实”。两人或多人争夺胜利果实，在胜负结果出来之前，那就是还不知道会“鹿死谁手”。

比如：一场比赛，双方粉丝都在喊“加油！必胜！”但到底会鹿死谁手呢？且等赛事比完才知道。

知识拓展

　　同义词“花落谁家”，这里的“花”等同于“鹿死谁手”的“鹿”，代表着胜利果实。花落谁家，就是到底谁才能获得胜利、摘得胜利之花。

不端／不轨／宵小／鼠辈

古代人骂架，尤其是文化人之间争吵，总喜欢骂对方是小人，而称自己是君子。我们常说的"君子坦荡荡，小人长戚戚""君子动口不动手"等，很多都是骂架骂出来的。

我们来说说什么是"小人"。

小人品行不端。不端，指不正经、不规矩、不正派。指责人行为不端，那就等于说此人不是好人。

小人行为不轨或者心怀不轨。不轨，指不在规矩之内、不符合规矩。这个指责比"不端"要严重，比如指责一个官员图谋不轨，那就是说他想造反；指责一个普通人心怀不轨，那也是即将滑向犯罪的节奏了。

《红楼梦》中，王熙凤的丈夫贾琏，好色，连父亲贾赦房里的丫鬟也不放过，"每怀不轨之心，只未敢下手"。

鼠辈安敢如此！

《三国演义》中，曹操挟天子以令诸侯，把持朝政。大臣董承联合其他官员，以皇帝的名义，想诛杀曹操，不料事情败露。

曹操把董承抓起来，又从他身上搜出来皇帝的密诏看了看，大笑："鼠辈安敢如此！"

这是作为胜利一方的曹操，把自己的对手称为"鼠辈"。

宵小，本指夜晚出来干坏事的盗贼之辈，后来泛称行动鬼祟的坏人。这是指着人的鼻子骂他是小人了。做坏事的人，叫"宵小之徒"；做坏事的行为，叫"宵小行径"。

鼠辈，像老鼠一样低贱的人。这也是骂人的狠话。唐代韩愈有诗句："立召贼曹呼伍伯，尽取鼠辈尸诸市。"意思是赶紧召集治安官员、衙门差役，把这些鼠辈都抓来杀掉，让其暴尸街头。

在古代演义小说中，经常见到这样的用法：无耻鼠辈，休得猖狂，纳命来！

常见的还有："跳梁小丑，何足道哉！"

跳梁小丑，指上蹿下跳、兴风作浪的卑劣小人。

知识拓展

　　无行：指行为恶劣、品行不端。成语"文人无行"，是说喜欢玩弄文字的人，往往品行不端。

　　《史记》中说汉初名将韩信："始为布衣时，贫无行，不得推择为吏。"韩信年轻、未发家时，穷，品行也不好，不能通过举荐走上仕途。

甲天下／丁卯／寅吃卯粮

古人纪年时，不像现在这样，一串数字就搞定。古人另有一套方法，这就要提到天干和地支。

天干有十：甲乙丙丁戊己庚辛壬癸。

地支十二：子丑寅卯辰巳午未申酉戌亥。

古人从天干和地支中各取一字，依次对应，如甲子、乙丑、丙寅……形成一共六十个组合，用来纪年，便是六十年。所以古人以六十为一甲子、一轮回。

地支十二字对应一天中的十二个时辰（每个时辰为两小时），又对应十二种动物，称十二生肖。

桃花仙人唐伯虎

说起明代"江南四大才子"之一的唐伯虎，很多人都听说过。他本名"唐寅"，寅，在十二生肖中，对应的是虎。唐寅是虎年出生，所以取名"寅"；他是家中的老大，所以字"伯虎"。

唐寅有一首著名的诗《桃花庵歌》，自称"桃花庵主"，后人也称他"桃花仙人"。

桃花坞里桃花庵，桃花庵下桃花仙。桃花仙人种桃树，又折花枝当酒钱。

酒醒只在花前坐，酒醉还须花下眠。花前花后日复日，酒醉酒醒年复年。

不愿鞠躬车马前，但愿老死花酒间。车尘马足贵者趣，酒盏花枝贫者缘。

若将富贵比贫贱，一在平地一在天。若将贫贱比车马，他得驱驰我得闲。

世人笑我太疯癫，我笑世人看不穿。不见五陵豪杰墓，无酒无花锄作田。

天干、地支还可用来表示顺序。比如"甲"，代表第一：俗话说"桂林山水甲天下"，即桂林山水论风景秀丽，天下第一；"甲第"，用在科举考试中，指第一等，用于门第，则指豪门贵族。

这里再介绍几个由天干地支组成的短语。

丁是丁卯是卯，"丁"是天干第四，"卯"是地支第四，但丁就是丁、卯就是卯，丝毫不能错，错了纪年就不准了；又工程材料上，凸起来为丁，凹进去为卯，丁和卯必须严丝合缝，两块材料连接才能稳固、契合。所以古人用这个短语来形容做事认真，不含糊。比如：科技制造上，越是复杂的物件，越要求丁是丁卯是卯，丝毫马虎不得，否则就会差之毫厘，谬以千里。

成语"子丑寅卯"，四字分别是地支中的第一、二、三、四个字，用来比喻事情的道理。比如：高铁为什么能跑、飞机为什么能上天，这些事情，他也说不出个子丑寅卯来。

寅吃卯粮（yín chī mǎo liáng），寅在前卯在后，形容前一年吃了后一年的粮食，比喻经济困难，入不敷出。如：新的金融产品，像银行信用卡、花呗、白条等，让人们先消费后付款，其实都是寅吃卯粮，负债消费。

知识拓展

　　十二生肖，又称十二属相，是十二地支代表的年份与人的出生年份相配，对应十二种动物：子（鼠）、丑（牛）、寅（虎）、卯（兔）、辰（龙）、巳（蛇）、午（马）、未（羊）、申（猴）、酉（鸡）、戌（狗）、亥（猪）。